Comentarios sobre "El Obispo del Sagrario Abandonado"

Los escritos eternos de san Manuel González, tal como se comparten en este libro, son un recordatorio de nuestra comunión con el Cuerpo de Cristo y una invitación de bienvenida para cada uno de nosotros a fortalecer nuestra fe en el misterio de la Eucaristía, por el cual el Señor Resucitado permanece con nosotros y nos acompaña a lo largo de la vida. San Manuel González nos abre los ojos de nuevo al vínculo entre la Presencia Real de nuestro Señor en la Eucaristía y nuestra propia presencia mutua.

RVDMO. WILLIAM E. LORI, Arzobispo de Baltimore

¡El libro provee una comprensión muy clara y profundo entendimiento de la presencia de Jesús en la Sagrada Eucaristía en el Sagrario y en cada persona que ha recibido la Sagrada Comunión! Para un lector, no puede sino provocar una profunda reverencia a la Sagrada Eucaristía. Esta es una lectura obligada para cualquier católico que quiera entender el significado de las palabras "Esto es mi Cuerpo" y "Esto es mi Sangre".

El libro toca todos los aspectos de la presencia amorosa del Salvador en la Sagrada Eucaristía y la necesidad de su adoración. En sus propias palabras, san Manuel suplica a todo católico que nunca abandone el Sagrario, ni exterior ni interiormente. Para citarlo: "La ausencia habitual y voluntaria de los católicos que conocen a Jesús pero no lo visitan . . .". Esto es abandono exterior del Sagrario. Hablando de abandono interior dice: "Es cuando no meditamos en lo que estamos recibiendo. Es cuando no nos preparamos para recibirlo con un corazón limpio y con mucha hambre espiritual".

Rev. Zolile Petros Mpambani, S.C.J.,
Obispo de la Diócesis de Kokstad, Sudáfrica

En un momento en que la Presencia Real es descuidada o ignorada por la mayoría de los católicos, y cuando la lámpara del Santuario arde la mayoría de las veces en una iglesia vacía, *El Obispo del Sagrario abandonado* es la introducción perfecta al mensaje oportuno de san Manuel González, canonizado en 2016. El propósito de toda su vida fue fomentar el tipo de *Asombro Eucarístico* más tarde animado por el Papa Juan Pablo II, y llevar a los creyentes a un encuentro íntimo con Dios mismo, presente en la Misa, la custodia y el Sagrario. Dejarás este libro con un deseo renovado de entrar más plenamente en el *diálogo de amor* que Jesús quiere y espera tener contigo, en cada momento de cada día.

Vinny Flynn, *autor de*
7 Secrets of the Eucharist y 21 Ways to Worship

San Manuel González tuvo una experiencia poderosa al encontrarse con un Sagrario abandonado, una experiencia que cambió el rumbo de su vida para siempre. En esta recopilación de sus escritos, podemos encontrar su profunda devoción a nuestro Señor Eucarístico. Es mi esperanza y oración que este libro dé a conocer la profunda espiritualidad de san Manuel a una audiencia de habla inglesa por primera vez.

Eric Sammons, autor de *La santidad es para todos: la espiritualidad práctica de san Josemaría Escrivá*

Pocos libros espirituales tienen la capacidad de encender el corazón en las primeras páginas. Este es uno de ellos y seguramente será un clásico instantáneo. San Manuel nos ha obsequiado ideas que son hermosas en su simplicidad, ricas en su teología y poderosas en su verdad . . . justo cuando pensabas que no se podía decir nada más profundo de la Sagrada Eucaristía. Si aceptas y vives estas verdades, nunca volverás a pasar por delante de un Sagrario de la misma manera.

MARK MALLETT, predicador y autor de los blogs
The Final Confrontation y *The Now Word*

Nuestro Señor es el *prójimo* Divino que nos conoce y nos espera en el Sagrario. Lamentablemente, pocos lo visitan. Las meditaciones de san Manuel revelan una vida que él descubrió y una verdad que le mostró su *prójimo* Divino: Jesús vive y nos espera en el Sagrario para amarnos, escucharnos, consolarnos y hacernos sus amigos. Que la voz de Jesús, a través de estas páginas, llame a nuestra puerta como *prójimo*, buscándote. He descubierto, como sacerdote, esta verdad. Ruego que los católicos experimenten lo que san Manuel revela: ¡Jesús está esperando!

PADRE PHILIP SCOTT, fundador
de la Comunidad Familia de Jesús

El padre Sean Davidson y la Sra. Victoria Schneider han prestado un gran servicio a la Iglesia al proporcionar una traducción contemporánea al inglés de las perlas de sabiduría de este poco conocido *Obispo del Sagrario abandonado*, san Manuel González García. Las riquezas de su contemplación sacerdotal del Corazón Eucarístico de Jesús deben ser compartidas con todos y ayudarían a muchos a entrar profundamente en el misterio más sublime del Amor Encarnado y Presente en el Santísimo Sacramento. Cada parroquia y Capilla de Adoración Eucarística se beneficiará de tener una copia.

REV. JOSEPH E. ROGERS, párroco de la Parroquia St. John Neumann en Gaithersburg, Maryland

¡Qué extraordinario tesoro de escritos escogidos de este amado y humilde santo! Está tan agradecido al dulce Jesús, que tanto anhela con amor a su pueblo, que se deja encerrar en los Sagrarios del mundo. Se hizo prisionero por amor. Él es ignorado y rechazado a menudo, entristecido por el abandono de aquellos a quienes Él desea mirar, estar y hablar, pero sobre todo, amar con el más gentil de los corazones.

JEANNE HEDICAN, laica carmelita descalza contemplativa y exasistente especial de dos secretarios de trabajo de los Estados Unidos

EL OBISPO
del Sagrario Abandonado

SAN MANUEL GONZÁLEZ GARCÍA

ESCRITOS SELECCIONADOS

Compilados por

VICTORIA SCHNEIDER

Reflexiones por Rev. Sean Davidson, M.S.E.

Scepter

Título original: *The Bishop of the Abandoned Tabernacle*

A menos que se indique lo contrario, los siguientes extractos e información biográfica fueron tomados de las obras originales de san Manuel González. Para facilitar el acceso a los textos, se ha incluido, además, los números de dichos escritos según se han editado en sus *Obras completas*, Editorial El Granito de Arena, Madrid, España. Nuestro agradecimiento especial a la Hna. Ana María Palacios, M.E.N., vicepostuladora de la causa de canonización, por su valiosa ayuda y estímulo.

Para mayor claridad y coherencia, nos hemos tomado algunas libertades estilísticas con respecto a la ortografía, las mayúsculas, la punctuación, y el uso de acentos, al citar los textos de San Manuel, sin cambiar el significado del texto en sí.

Publicado por Scepter Publishers, Inc. © 2023
info@scepterpublishers.org
www.scepterpublishers.org
800-322-8773
Nueva York, EUA

ISBN libro de bolsillo: 978-1-59417-486-5
ISBN libro electrónico: 978-1-59417-487-2
LCCN: 2023939228

Texto y diseño de portada: Rose Design
Traducción y compilación al inglés: Victoria Schneider
Versión castellana de escritos: Textos originales de san Manuel González García
Reflexiones: Rev. Sean Davidson, M.S.E.

Impreso en Los Estados Unidos de America

Contenido

Extracto de la Homilía del Papa San Juan Pablo II

"AQUEL DISCÍPULO QUE JESÚS tanto quería le dice a Pedro: 'Es el Señor'" (Jn 21,7). En el Evangelio hemos escuchado, ante el milagro realizado, que un discípulo reconoce a Jesús. También los otros lo harán después. El pasaje evangélico, al presentarnos a Jesús que "se acerca, toma el pan y se lo da" (Jn 21,13), nos señala cómo y cuándo podemos encontrarnos con Cristo resucitado: en la Eucaristía, donde Jesús está realmente presente bajo las especies de pan y de vino. Sería triste que esa presencia amorosa del Salvador, después de tanto tiempo, fuera aún desconocida por la humanidad.

Esa fue la gran pasión del nuevo beato Manuel González García, obispo de Málaga y después de Palencia. La experiencia vivida en Palomares del Río ante un Sagrario abandonado le marcó para toda su vida, dedicándose desde entonces a propagar la devoción a la Eucaristía, y proclamando la frase que después quiso que fuera su epitafio: "¡Ahí está Jesús! ¡Ahí está! ¡No lo dejéis abandonado!". Fundador de las Misioneras Eucarísticas de Nazaret, el beato Manuel González es un modelo de fe eucarística, cuyo ejemplo sigue hablando a la Iglesia de hoy.[1]

San Juan Pablo II
Extracto de la Homilía,
Beatificación del Obispo
Manuel González García
Abril 29, 2001

1. Ver Papa San Juan Pablo II, Homilía de la Misa de Beatificación de cinco Siervos de Dios (Abril 29, 2001), 2. Página web del Vaticano: www.vatican.va.

Prólogo

EL 16 DE OCTUBRE DE 2016 la Iglesia de Dios elevó a otro santo a sus altares. La canonización de san Manuel González en nuestros días es un regalo oportuno que nos hace la mano solícita de la Divina Providencia. Es uno de esos santos que bien podríamos calificar de santo del Santísimo Sacramento. Todos los santos son santos eucarísticos, pero algunos se caracterizan más por su devoción a la Eucaristía que otros. La vida y misión de san Manuel fue entera y explícitamente eucarística.

El Obispo del Sagrario Abandonado se enorgullecía de ser embajador del Rey Eucarístico en el mundo. Fue su mayor alegría poder hablar en nombre del amor de su Soberano silencioso, y así atraer almas a su Sagrado Corazón. Quizá no haya otro santo sacerdotal desde el gran Cura de Ars que haya hablado con tanta elocuencia de la presencia viva de Cristo en el Sagrario. Como sacerdote, siempre he tratado de atraer almas al Santísimo Sacramento, pero después de haber descubierto sus escritos, siento que apenas he comenzado a fomentar el verdadero asombro que exige tal misterio. Si estaba tan indignado por la actitud indiferente hacia la Eucaristía que observó en la Iglesia hace cien años, ¿qué no diría hoy? Sus palabras son un llamamiento de clarín a los sacerdotes y a todos los cristianos para que despierten del sueño espiritual y se acerquen a la luz del Sol Eucarístico del Amor. Su canonización es quizás la urgente invitación del cielo dirigida a toda la Iglesia a postrarse a los pies del Sagrario. Sólo allí se encuentra la fuente mística de la que brotan torrentes de gracia y misericordia purificadoras. Sólo allí encontramos la fuente celestial de la que la Iglesia puede renovarse constantemente. El mundo se ha convertido en un desierto espiritual por falta de recurrir al Sagrario.

La piedad eucarística del Obispo Manuel estuvo presente desde su juventud, pero se convirtió en el latido de su vida espiritual y en el principio animador de su ministerio después de una experiencia particular que vivió al comienzo de su misión sacerdotal. A través de un místico momento de gracia, llegó a comprender la verdad de aquella frase célebre de San Francisco de Asís: "¡El amor no es amado!" En un instante, se dio cuenta de la asombrosa naturaleza del amor de Cristo en el

Santísimo Sacramento, así como de la igualmente asombrosa falta de amor con la que rodeamos este misterio. Aunque ya creía en la Presencia Eucarística mucho antes de esta experiencia, fue en este momento particular cuando la fuerza plena de esta verdad se apoderó de su corazón de una manera nueva, convirtiéndose así en el único motor de la misión de su vida. Había sufrido una especie de conmoción espiritual por la forma en que el don de la Eucaristía es tan profundamente despreciado por los corazones humanos. En la vida de los santos, a menudo hay un momento clave de gracia que, a partir de entonces, dirige todo el curso de su santa existencia. Para san Manuel fue la experiencia inolvidable del Sagrario abandonado.

REV. SEAN DAVIDSON, M.S.E.

Prefacio

PARECIERA QUE NADA HA CAMBIADO desde el tiempo de los escritos de san Manuel hasta la actualidad. Vivimos nuevamente en la era del Sagrario abandonado. En una reciente encuesta, el Centro de Investigaciones Pew descubrió que 69% de los católicos en los Estados Unidos no creen que la Eucaristía es realmente el Cuerpo y la Sangre de Cristo. No solamente en los Estados Unidos, sino que también en otros países del mundo.

Como dijera el Card. Antonio Cañizares, arzobispo de Valencia:

> No es casual que la canonización [de san Manuel] ocurra en estos momentos, en los que, junto a un poderoso llamamiento a la evangelización mediante el signo de la caridad, se escucha el mismo llamamiento a centrar nuestra vida, la vida de los sacerdotes y de las comunidades cristianas en la Eucaristía y en la

> adoración Eucarística. No seamos sordos a la voz del Señor, no estemos ciegos ante los signos que nos ofrece el Señor en estos tiempos que vivimos.[1]

En sus escritos, la vida y mensaje de san Manuel recobran actualidad, instándonos a una verdadera y frecuente adoración del Señor en el Sacramento de la Eucaristía. De igual modo, sus escritos nos recomiendan tener una mayor vivencia personal en las tres dimensiones fundamentales del Misterio Eucarístico: el Santo Sacrificio de la Misa, la Santa Comunión y la Presencia Real del Señor en el Santísimo Sacramento.

San Manuel es un modelo de fe Eucarística cuyo ejemplo sigue hablando a la Iglesia de hoy de la prioridad apremiante que existe en renovar la fe en la Santa Eucaristía.

San Manuel centró todo en la Eucaristía y en la Virgen María. Invocamos la protección de san Manuel y la Virgen con su hermosa oración a la Santísima Madre:

---

1. Ver Card. Antonio Cañizares, extracto de la Homilía de la Canonización del Obispo Manuel González García (Octubre 29, 2016). Página web: lavozdelosobispos.wordpress.com.

Madre, que no nos cansemos
por san Manuel González García

¡Madre Inmaculada! ¡Que no nos cansemos! ¡Madre nuestra! ¡Una petición! ¡Que no nos cansemos!

Si, aunque el desaliento por el poco fruto o por la ingratitud nos asalte, aunque la flaqueza nos ablande, aunque el furor enemigo nos persiga y nos calumnie, aunque nos falten el dinero y los auxilios humanos, aunque vinieran al suelo nuestras obras y tuviéramos que empezar de nuevo . . . .

¡Madre querida! ¡Que no nos cansemos!

Firmes, decididos, alentados, sonrientes siempre, con los ojos de la cara fijos en el prójimo y en sus necesidades, para socorrerlos, y con los ojos del alma fijos en el Corazón de Jesús, que está en el Sagrario, ocupemos nuestros puestos, el que a cada cual ha señalado Dios.

¡Nada de volver la cara atrás! ¡Nada de cruzarse de brazos! ¡Nada de estériles lamentos! . . .

Mientras nos quede una gota de sudor o de sangre que derramar, unas monedas que repartir, un poco de energía que gastar, una palabra que decir, un aliento de nuestro corazón, un poco de fuerza en nuestras manos o en nuestros pies . . . que puedan servir para dar gloria a Él y a ti y para hacer un poco de bien a nuestros hermanos . . . .

¡Madre mía, por última vez . . . ! ¡Morir antes que cansarnos!

Amén.[2]

Obispo Andrew H. Cozzens
Diócesis de Crookston
Presidente, Secretaría
de Evangelización y Catequesis
Conferencia de Obispos Católicos
de los Estados Unidos

2. Ver Obispo Manuel González, "Un saludo", *El Granito de Arena*, septiembre 5, 1909, n. 44, p. 2.

I

SU VIDA EUCARÍSTICA

SAN MANUEL GONZÁLEZ nació en Sevilla, España, el 25 de febrero de 1877. Su padre era carpintero; su madre, ama de casa. Sus padres eran devotos y piadosos, sumergiendo al joven Manuel en un fuerte ambiente católico dentro del cual los primeros brotes de una vocación sacerdotal pueden comenzar a florecer con seguridad. Antes de cumplir los diez años, Manuel se incorporó al coro de niños *Los Seises* de la Catedral de Sevilla. Este famoso coro de niños actuaba con gran reverencia ante el Santísimo Sacramento en las solemnidades de Corpus Christi y la Inmaculada Concepción. La práctica continúa hasta el día de hoy. Al unirse a este coro, profundizó su amor tanto por la Eucaristía como por la Santísima Virgen María. Ya estaba empezando a aprender que la devoción a María es el camino corto y seguro hacia la unión con el Señor Eucarístico.

A los diez años, ingresó al Seminario Menor de Sevilla sin que sus padres lo supieran. No fue hasta que aprobó los exámenes de ingreso y fue aceptado, que les contó a sus padres las buenas noticias. Aceptaron esta sorpresa como la voluntad de Dios para su devoto hijo. Manuel, consciente de la situación económica de su familia, pagaría su formación sirviendo en los quehaceres del seminario. Sobresalió en todos sus estudios y sus maestros lo tenían en alta estima; obtendría doctorados en Teología y Derecho Canónico. El 21 de septiembre de 1901 fue ordenado sacerdote por el beato cardenal Spínola. ¡Qué apropiado que el santo recibiera las órdenes sagradas de manos de otro santo!

En 1902, el cardenal Spínola lo envió a su primera misión parroquial a una iglesia en Palomares del Río. Fue allí donde su vida y su sacerdocio pronto serían transformados por una gracia que guiaría e inspiraría todas sus obras eucarísticas. Don Manuel viajó en bote por el río que va desde Sevilla a Palomares del Río. A su llegada cerca del pueblo fue recibido por el sacristán. Juntos viajaron a la parroquia, montados en un burro. Don Manuel estaba muy emocionado y tenía muchas expectativas sobre su primera misión. Le habían dicho muy poco sobre la naturaleza de la parroquia a la que lo enviaban. Soñaba con llegar a encontrar una iglesia llena de almas ansiosas de escuchar sus sermones, de personas que rezaran con fervor el Rosario todos los días, y organizar una hermosa procesión por las calles. Se imaginó a las multitudes apresurándose a la Misa dominical, anhelando recibir el sagrado don de la Sagrada Comunión.

Mientras viajaban por el camino, el joven sacerdote, emocionado, comenzó a interrogar a su compañero de viaje. Por lo general, cuando un nuevo sacerdote llegaba a un pueblo para una misión, los niños pequeños venían en gran número para recibirlo frente a la iglesia. El santo sacerdote preguntó si en Palomares era de esperar esta hermosa vista. Se produjo la siguiente conversación:

—Diga V. ¿en este pueblo no hay chiquillos?

—Sí, pero ahora están en el campo . . . .

—Y mire V. aunque estén, no les da por la Iglesia, porque el señor cura por sus años, sus achaques y por lo que aquí pasa y como no viene del otro pueblo que tiene a su cargo más que los domingos, la verdad ¡no quiere ver a un chiquillo ni pintado! ¡alborotan tanto! . . . y ¡cómo los padres tampoco vienen! . . .

—Entonces, ¿quién viene a Misa en este pueblo?

—Mire V.: como venir no vienen, digo, vienen los que tienen que casarse o para bautizar algún niño, y Señó Antonio y yo cuando no tengo que ir al campo.

—¿Y comulgan?

—Comulgar, también comulgan algunas veces los que vienen a casarse . . . .

—¿Nadie más?

—Que yo me acuerde nadie más. [. . .]

—Y ¿el señor cura, no tiene amigos aquí? Porque por lo menos los amigos deberían venir al templo.

—¿Amigos? ¡Cualquier día puede visitar aquí el cura a nadie! ¡Buena está la política del pueblo para que el cura visite! . . .

—Y ¿qué tiene que ver la política con que el cura tenga amigos?

—Pues muy sencillo; como aquí hay tantos partidos, basta que el cura visite o hable con uno, para que los enemigos políticos de éste lo miren ya como de aquel partido; así es que hay política en todo, hasta en la Misa y en los sermones: en la Misa porque le sacan la punta hasta al color de la casulla; si es blanca porque el cura es del partido de los *blanquillos;* y si es encarnada,

> porque es de los republicanos; y en los sermones, porque los pocos que los oyen se pelean después, por si lo que dijo fue en favor de éste o en contra del otro. Total, que el cura está aquí como *emparedado* ¿sabe V.? Así es que viene por aquí lo menos posible y cuando viene, habla con el menor número deseando acabar para volverse pronto.[1]

San Manuel se quedó sin palabras y rápidamente se dio cuenta de que su comprensión de la situación religiosa y cultural de la región era gravemente defectuosa. El impacto de la conversación con el sacristán no fue, sin embargo, el mayor impacto que iba a sufrir ese día. Finalmente, llegó a la iglesia de la parroquia en Palomares del Río, y allí, su piadoso corazón eucarístico iba a ser traspasado por la plena verdad de lo que le esperaba. Su primera impresión de la iglesia fue que se veía muy sucia y parecía casi abandonada. Fue inmediatamente al Sagrario y lo encontró cubierto de polvo y telarañas. Los manteles del altar estaban rotos y quemados. El aceite goteaba de la lámpara del santuario al suelo. Después de observar el terrible

---

1. Ver San Manuel González García, *Obras completas I*, (Madrid: El Granito de Arena, 1998), n. 14.

estado de la iglesia, su reacción instintiva fue querer salir corriendo del lugar y nunca mirar atrás, pero se obligó a quedarse.

En medio del desorden, se arrodilló ante el Sagrario durante mucho tiempo, tratando de ver cómo llevar a cabo su misión en un lugar así. Fue en ese momento que todo cambió. Había alguien mirándolo, y ese alguien necesitaba desesperadamente un amigo. Más adelante trataría de describir la experiencia de lo que percibió en ese momento de gracia:

> Allí, de rodillas ante aquél montón de harapos y suciedades, mi fe veía a través de aquella puertecilla apolillada, a un Jesús tan callado, tan paciente, tan desairado, tan bueno, que me miraba . . . sí: parecíame que después de recorrer con su vista aquél desierto de almas, posaba su mirada entre triste y suplicante, que me decía mucho y me pedía más, que me hacía llorar y guardar al mismo tiempo las lágrimas para no afligirlo más, una mirada en la que se reflejaban unas ganas infinitas de querer y una angustia infinita también por no encontrar quien quisiera ser querido . . . , una mirada en la que se reflejaba todo lo triste del Evangelio:

> lo triste del "no había para ellos posada en Belén", lo triste de aquellas palabras del Maestro: "Y vosotros ¿queréis también dejarme?", lo triste del mendigo Lázaro pidiendo las migajas sobrantes de la mesa de Epulón; lo triste de la traición de Judas, de la negación de Pedro, de la bofetada del soldado, de los salivazos del pretorio, del abandono de todos . . . . Sí, sí, aquéllas tristezas estaban allí en aquél Sagrario oprimiendo, estrujando el Corazón dulce de Jesús y haciendo salir por sus ojos su jugo amargo, ¡lágrimas benditas las de aquellos ojos! Marías que leéis estas páginas y que ya habéis visitado Sagrarios que se parecen a éste que yo describo y ante ellos habéis pasado un rato de oración, ¿verdad que la mirada de Jesucristo en esos Sagrarios es una mirada que se clava en el alma y que no se olvida nunca?[2]

Este pobre Sagrario abandonado le enseñó al joven sacerdote más sobre el amor de Jesús que todos sus años de estudio teológico. La teología le había enseñado a su mente brillante la ciencia de la fe en Jesucristo, pero ahora el Sagrario le estaba

---

2. Ver San Manuel González, *Obras completas I*, nn. 15–16.

enseñando la ciencia del amor de Jesucristo. Es una ciencia que se aprende con el corazón más que con la mente, una ciencia que muchas veces es infundida directamente por el Corazón Eucarístico de Jesús y el Inmaculado Corazón de María. La falta de limpieza en la iglesia era el signo exterior que manifestaba una ausencia total de fe y amor eucarísticos vivos. En lugar de desanimarlo, esta crisis espiritual solo le motivó a trabajar aún más para llevar almas a la Fuente del Amor en el Santísimo Sacramento. Él explica:

Lo que me enseñó aquél Sagrario

Yo no sé que nuestra Religión tenga un estímulo más poderoso de gratitud, un principio más eficaz de amor, un móvil más fuerte de acción que un rato de oración ante un Sagrario abandonado.

Quizás una fe superficial saque escándalo y tibieza de ese abandono; pero una fe que medite y sobre todo un corazón que ahonde un poco debajo de la corteza de las cosas, descubrirá en ese Jesús abandonado que se deja acompañar de telarañas y sabandijas, que se pasa los días y las noches *solo* durante años y años y a pesar de todo eso *no se va de aquél*

Sagrario, ni deja de mandar sol desde la mañana a la noche y agua para la sed y pan para el hambre y salud y descanso y fuerzas beneficiosas en cada segundo y a cada uno de los que le maltratan.

De mí sé deciros que aquella tarde en aquél rato de Sagrario yo entreví para mi sacerdocio una ocupación en la que antes no había ni soñado y para mis entusiasmos otra poesía que antes me era desconocida. Creo que allí se desvanecieron mis ilusiones de cura de pueblo, de costumbres patriarcales y sencillas, con mi vocación de *Don Sabas* . . . .

Ser cura de un pueblo que no quisiera a Jesucristo, para quererlo yo por todo el pueblo, emplear mi sacerdocio en *cuidar* a Jesucristo en las *necesidades* que su vida de Sagrario le ha creado, alimentarlo con mi amor, calentarlo con mi presencia, entretenerlo con mi conversación, defenderlo contra el abandono y la ingratitud, proporcionar desahogos a su Corazón con mis santos Sacrificios, servirle de pies para llevarlo a donde lo desean, de manos para dar limosna en su nombre aun a los que no lo quieren, de boca para hablar de Él y consolar por Él y gritar a favor de Él cuando se

> empeñen en no oírlo . . . hasta que lo oigan y lo sigan . . . ¡qué hermoso sacerdocio![3]

Esta experiencia del Sagrario abandonado motivó a don Manuel a fundar la Unión Eucarística Reparadora. Dedicaría sus primeros años de ministerio sacerdotal a una ferviente labor pastoral y a fomentar una profunda fe y amor por el Santísimo Sacramento. Más tarde, sería enviado a la ciudad de Huelva, donde residió durante once años. Aquí dedicó su atención principalmente a fundar escuelas y brindar enseñanzas sobre el Corazón Eucarístico de Jesús. También le encantaba ayudar a los ancianos y a la clase trabajadora, proporcionando comida a los niños cuyos padres trabajaban como mineros.

A fines de 1912, don Manuel tuvo una audiencia privada con el Papa San Pío X. El Santo Padre mostró un gran interés en su trabajo y, especialmente, en su profunda devoción por la Eucaristía. El 6 de diciembre de 1915, el Papa Benedicto XV nombró a san Manuel obispo auxiliar de Málaga. En 1920, fue nombrado obispo de Málaga. Celebró su nombramiento con un banquete al que invitó, no a las autoridades, sino

---

3. Ver San Manuel González, *Obras completas I*, nn. 17–18.

a los niños más pobres del pueblo. Tres mil niños asistieron al banquete y lo acompañaron al Palacio Episcopal. En 1931, con la proclamación de la República, se produce una revuelta e incendian la residencia episcopal. Lo echan de su diócesis y él decide seguir rigiendo su diócesis desde Gibraltar. En 1932, se dirigió a la ciudad de Madrid. Desde esta ciudad dirigió su diócesis hasta que el Papa Pío XI le nombró obispo de Palencia en 1935.

Estando en Palencia, su salud se deterioró gravemente a finales de 1939 por lo que es trasladado a Madrid para intentar una operación, pero murió allí el 4 de enero de 1940. Antes de morir dijo:

> Pido ser enterrado junto a un Sagrario, para que mis huesos, después de muerto, como mi lengua y mi pluma en vida, estén siempre diciendo a los que pasen: ¡Ahí está Jesús! ¡Ahí está! ¡No dejadlo abandonado! Madre Inmaculada, San Juan, Santas Marías, llevad mi alma a la compañía eterna del Corazón de Jesús en el cielo.[4]

El 29 de abril de 2001 el Obispo Manuel fue beatificado por San Juan Pablo II. El Papa Francisco

4. Ver San Manuel González, *Obras completas I*, Introducción, pg. 20*.

aprobó un segundo milagro el 3 de marzo de 2016, lo que permitió su canonización en octubre de 2016.

SU MENSAJE PARA LA IGLESIA

San Manuel fue un escritor prolífico. Siempre transmitió en sus escritos su extraordinario amor por el Santísimo Sacramento, proporcionando una formación eucarística a los fieles, y en especial a los catequistas y sacerdotes. En su labor pastoral, la Eucaristía fue siempre el punto de partida de su enseñanza sobre la espiritualidad, de su pedagogía catequística y, de hecho, de todos sus proyectos. Para san Manuel, la Persona de Cristo en la Eucaristía debía ser la fuente, el centro y la cumbre de la evangelización y la catequesis de la Iglesia. Experimentó muy profundamente la primacía del misterio Eucarístico en todos los aspectos de su vida personal. Aunque vivió momentos trágicos para la Iglesia en España, siempre fue capaz de sacar esperanza de la Presencia Real de Cristo en el Santísimo Sacramento. Sabía que mientras hubiera almas generosas dispuestas a dar compañía a Cristo en la Eucaristía, había una gran esperanza para la Iglesia.

Su piedad eucarística—tanto su experiencia como su mensaje—abarca de manera integral las tres dimensiones fundamentales del Misterio Eucarístico: el Sacrificio de la Misa; el Sacramento de la Sagrada Comunión; y la permanente Presencia Real del Señor Sacramentado. Vivió y enseñó desde la plenitud de estas tres dimensiones, desatando así la plenitud de la gracia que está disponible para nosotros en el Misterio Eucarístico. Sin embargo, fue especialmente sobre esta última dimensión del Sacramento de la Eucaristía, la Presencia Real de Cristo en el Sagrario, que el obispo fundó el mensaje de adoración y reparación que constituye el punto central de su enseñanza. Su deseo más profundo era de llevar compañía a Jesús, *eucaristizar*, y amar a Jesús por quienes no lo aman.

II

EL SAGRARIO ABANDONADO

SIEMPRE QUE ESCRIBÍA sobre la Eucaristía, el hombre de Dios animaba a una lectura lenta y meditativa de sus palabras, para dejar que su verdad penetrara en el corazón. Él escribió:

> Yo quisiera que este libro se leyera muy despacio, y con el alma muy llena de la presencia real de Jesús vivo en el Sagrario, para dejar tiempo a que la cabeza se **entere**, el corazón se **mueva** y la gracia de Dios **obre**; y después de leído así, que se rumie en oración afectuosa ante el Sagrario.[1]

En sus propias palabras, proclama que la experiencia del Sagrario abandonado fue la que le marcó más poderosamente en su vida:

1. Ver San Manuel González, *Obras completas I*, n. 132.

¡El abandono del Sagrario!

> ¡Dios mío, cómo te agradezco que entre todas las impresiones de mi vida de sacerdote y de párroco, la dominante, la casi exclusiva hayas querido que sea la producida por el abandono del Sagrario! ¡Cómo tengo que agradecerte, Corazón de mi Jesús, el que me hayas llamado a ver, a sentir y a predicar el Sagrario abandonado![2]

El santo era consciente de que la fe eucarística tiene que ser alimentada por la adoración diaria, la cual es la que nos permite recibir con provecho la Sagrada Comunión. La adoración es el contacto espiritual con la Persona de Cristo en la Hostia, y este contacto nos permite tener un contacto personal profundo con Él cuando viene en la Sagrada Comunión. Sólo si nos encontramos con Cristo como una persona viva en el Sagrario, lo encontraremos como Persona viva en la Sagrada Comunión. Sin tal contacto, podemos consumir el Pan de Vida, pero no recibiremos ningún fortalecimiento real en nuestra salud espiritual. Él escribió:

---

2. Ver San Manuel González, *Obras completas I*, n. 29.

Poner en claro dos cosas:

1° Que por la limitación y flaqueza de nuestra condición, por la dificultad que le cuesta vivir en la Fe, y lo penoso de ir contra la corriente de la naturaleza sensible y a **pesar** de las frecuentes Comuniones y visitas al Sagrario tendemos a cansarnos, distraernos, aflojarnos y entibiarnos en nuestro trato con quien no podemos conocer, amar ni gozar en la presente vida sino por medio de la **Fe viva** y de la **propia negación.**

2° Que para contrarrestar esa tendencia y evitar el peligro de aquellos cansancios e incomunicaciones, no hay otro medio ni camino que el de fomentar esa **Fe viva** y esa **propia negación.**

Sólo los que así se acerquen, darán al Corazón de Jesús toda la compañía que Él desea y tiene derecho a esperar y recibirán de Él todos los frutos que de comerlo y unirse con Él pueden esperarse y con ellos el fruto de los frutos y fin supremo del Sagrario, a saber: la transformación en Él, o sea: **la formación de tantos Jesús como comulgantes.**

> Y al revés, que si esto no hay, si en vez de Fe viva hay languidez de Fe o ignorancia de Catecismo, si en vez de abnegación hay vanidad, orgullo, dureza de corazón o sean corazones **ocupados de sí**, no será raro ni inexplicable que, comiéndose el más sano de los alimentos, no se esté más sano y fuerte; que, aumentando las comuniones de Jesús, se disminuyan las comuniones con Jesús, que sentándose muchos más a su mesa, le ayuden muchos menos a llevar la Cruz, y, en suma, que estando Él más acompañado por fuera se sienta más solo por dentro.[3]

La fe viva y la propia negación se expresan haciendo visitas frecuentes al Santísimo Sacramento. No hay mayor penitencia que privarnos de la búsqueda de otras actividades para hacer tiempo para la Adoración Eucarística. Un Sagrario abandonado es una señal de que falta una fe viva en la parroquia, y en consecuencia, podemos estar seguros de que también faltan sagradas comuniones fructíferas. El grado de abandono de un Sagrario es una señal del grado en que una parroquia se encuentra en un estado de mala salud espiritual. El amor por el Señor

---

3. Ver San Manuel González, *Obras completas I*, n. 140.

Eucarístico es el indicador auténtico de la fe y el bienestar espiritual de una comunidad cristiana.

¿CÓMO ES EL ABANDONO DE LOS SAGRARIOS?

San Manuel nos da una explicación de lo que quiere decir precisamente cuando habla del *Sagrario abandonado*:

> Son los Evangelistas los que me han enseñado y decidido a usar el verbo **abandonar**, para expresar, no el odio, ni la persecución, ni la envidia de los enemigos de Jesús, que esto lo llaman con sus propios nombres, sino la deslealtad, la frialdad, la ingratitud, la inconsecuencia, la insensibilidad e indelicadeza, la cobardía de los **amigos** suyos, de los que le conocían, trataban y recibían sus distinciones y confidencias.

Este irse de su lado los que debieron estar siempre con Él. Ese no asistirlo con su presencia y con su adhesión incondicional cuando más lo hubo menester es llamado por los Evangelistas **abandono y huida . . . . "Entonces, lo abandonaron y huyeron todos"**[4] (Mc 14,50).

4. Ver San Manuel González, *Obras completas I*, n. 134.

¿Hay abandono de Sagrario?

Para responder con rigor lógico, distingo dos clases de abandono de Sagrario: una que pudiera llamar exterior y otra interior o espiritual.

Llamo abandono exterior a la **ausencia habitual** y voluntaria del Sagrario por parte de los católicos que lo conocen y pueden ir a visitarlo.

De modo que aquí no hablo de los judíos, herejes o impíos, o católicos sin catecismo; que entre éstos se sentirá perseguido, odiado, calumniado o desconocido, Jesús Sacramentado, pero no abandonado.

Hablo de católicos que creen y saben que nuestro Señor J. C., Dios y Hombre verdadero, está real y vivo en el Santísimo Sacramento y, viviendo cerca de Él y sobrados de tiempo y fuerzas para el quehacer, el recreo, el casino, la taberna, no van nunca ni a recibirlo ni a visitarlo, ni guardan con Él relación de amistad o gratitud ninguna.[5]

Ahora añado que el abandono interior es ir al Sagrario con el cuerpo y no con el alma; **ir** a él y **no estar** en él. **Es ir con el cuerpo** para que la boca se abra y trague la Sagrada Forma.

---

5. Ver San Manuel González, *Obras completas I*, n. 141.

> Los labios se muevan y balbuceen algunas palabras, la cabeza se incline, las rodillas se doblen por un espacio de tiempo más o menos largo, pero no con el alma, que no **medita** lo que hay y lo que se da y lo que se pide en el Sagrario. Que no se prepara para comer con un gran aseo y un excitado apetito, ni saborea ni agradece la comida, que no habla ni escucha al Huésped que la visita, que no se presta a recoger y guardar las gracias que le trae, los avisos que le da, los ejemplos que le enseña, los deseos que le insinúa, la correspondencia de amor que le impone . . . .
>
> ¡Cuántas, cuántas veces tendrá que repetir el Maestro, desairado en el interior de algunos comulgantes y visitantes de sus Sagrarios de exterior humillado y devoto, la queja del Señor con su pueblo: "éste no me honra más que con sus labios y rodillas; pero su corazón, qué lejos está de Mí! . . .".[6]

Qué doloroso es para una persona ser ignorada. Si una persona entra cada día a su casa sin que su presencia sea notada por otro miembro de la familia,

---

6. Ver San Manuel González, *Obras completas I*, n. 144.

o si un anciano es dejado solo en un hogar de ancianos sin visitas, inmediatamente reconocemos la injusticia de la situación. Vemos la extrema falta de amor de los miembros de la familia que no se molestan en tomarse el tiempo para mostrar amor por la persona abandonada. Sin embargo, Jesús, que está personalmente presente en el Sagrario y en la Sagrada Comunión, es frecuentemente ignorado y tratado con negligencia similar por los suyos. San Manuel lo describe de esta manera:

> ¡Jesús solo, abandonado en el alma de sus amigos! Es decir, ¡Jesús visitando almas y viviendo en las casas de sus amigos sin ser entendido, ni secundado, ni escuchado, ni preguntado, ni tomado en cuenta! . . .
>
> Ése es el abandono interior que se repite en una proporción que asusta en nuestros Sagrarios.
>
> ¿Verdad que merece ser meditado y llorado?[7]

Además de visitar el Santísimo Sacramento, es de suma importancia estar atentos a Cristo cuando viene en la Sagrada Comunión. La práctica de

7. Ver San Manuel González, *Obras completas I*, n. 147.

pasar un tiempo en silencio después de la Misa es un medio esencial para expresar nuestra gratitud por el sublime regalo de recibirle en la Eucaristía. Es también el único medio real de comunicarnos interiormente con el Huésped Divino que habita realmente dentro de nosotros de manera corporal al menos quince minutos después de la Sagrada Comunión. Durante ese tiempo, nosotros somos verdaderamente sagrarios vivientes, pero debemos ser cuidadosos de no convertirnos en sagrarios abandonados ¡con Jesús verdaderamente habitando dentro de nosotros mientras nuestras mentes están en otra parte!

LOS ADENTROS DEL ABANDONO

Jesús permanece siempre con nosotros en la Eucaristía donde Él desea derramar gracias sobre nosotros perpetuamente. Sin embargo, san Manuel era consciente de que, para recibir esas gracias, debemos respetarlo y adorarlo en el Santísimo Sacramento. Cristo está siempre presente en nuestras iglesias, y no hay defecto en su poder amoroso. Este poder por lo general sale de Él manifestándose en las almas que están amorosamente presentes ante Él. San Manuel escribió:

> Si la Eucaristía es el milagro de la permanencia perpetua de J. C., el abandono de la Eucaristía es la frustración práctica de ese milagro y con ella la de los fines misericordiosos y altísimos de su permanencia.
>
> La Eucaristía abandonada es, en cuanto esto se puede decir de Dios, Jesucristo contrariado con la más amarga de las contrariedades, y las almas y las sociedades privadas de ríos y de mares de bienes.[8]

Muchas almas profesan tener fe en la Presencia Real de Cristo, pero no actúan como si Jesús estuviera personalmente presente en el Sagrario. No tienen contacto personal con Él. Aunque profesan la fe Eucarística, tratan al Señor como un objeto muerto. De ellos san Manuel escribió:

> El abandono es el mal de los que saben que Jesús tiene ojos y no se dejan ver de ellos y oídos y no le hablan y manos y no se acercan a recoger sus regalos, y Corazón que les ama ardientemente y no lo quieren ni le dan gusto, y doctrina de toda verdad y la desdeñan o la

8. Ver San Manuel González, *Obras completas I*, n. 149.

interpretan a su capricho y ejemplos de vida y no los copian. ¡Es mal de próximos y amigos![9]

El abandono interior, en efecto, por lo que en sí mismo es, vuelca sobre la llaga de ese Corazón la amargura del desprecio, la negrura de la ingratitud, la frialdad heladora de la indiferencia, el cansancio de la esperanza nunca realizada, del deseo nunca o casi nunca satisfecho y de la petición jamás atendida; la dureza de la grosería de sentimientos, la tristeza de la soledad . . . . ¿Y qué son ésos elementos sino formas variadas de una misma esencia, la esencia del **desamor**? ¡Desamor injusto, te pareces tanto al odio! . . .

Y si eso eres para Él, ¿qué serás para las almas?[10]

9. Ver San Manuel González, *Obras completas I*, n. 150.
10. Ver San Manuel González, *Obras completas I*, nn. 152–153.

III

¿CÓMO ADORAR?

DE NUEVO SAN MANUEL INSISTE en el hecho de que la Presencia Real de Cristo en la Eucaristía no es una presencia estática sino una presencia viva, personal. Tal presencia exige de nosotros un esfuerzo especial para estar atentos:

El abandono de la compañía de compasión

> Como Jesús en nuestros Sagrarios no tiene una presencia estatuaria, sino real y viva, así la presencia con que debemos corresponderle no ha de limitarse a ser sólo presencia, como la de un candelero, una estatua, más o menos artística, o un mueble que decore, sino que ha de aspirar a ser presencia de **todo** nuestro ser racional y vivo. O sea, presencia corporal y espiritual. Pero ahondemos en esa presencia espiritual.[1]

1. Ver San Manuel González, *Obras completas I*, n. 217.

Cómo está Jesús en el Sagrario

Si Jesús está presente en el Sagrario con sus ojos que me miran, yo debo estar ante el Sagrario mirando con mis ojos de carne la Sagrada Hostia, cuando me la dejan ver, y con mis ojos del alma el interior de esa Hostia; si Jesús está en el Sagrario con sus oídos para oírme, yo debo estar ante el Sagrario con mi atención para oírlo y con mi mayor interés para hablarle; si Jesús está presente en el Sagrario con sus manos rebosantes de dones para los necesitados que se lleguen a pedírselos, yo debo estar ante el Sagrario con mi indigencia expuesta en el plato de mi confianza. Si Jesús está ante el Sagrario con el Corazón palpitante de amor sin fin a su Padre y de amor hasta el fin a nosotros, si ese amor que sube a su Padre es infinitamente **latréutico**, porque lo alaba como Él se merece, e infinitamente **eucarístico**, porque le da gracias por los beneficios que nos hace hasta dejarlo satisfecho, e infinitamente **expiatorio,** porque lo aplica por los pecados con que le ofendemos, hasta ponerlo en paz, y es infinitamente **impetratorio**, porque con **clamor válido** intercede y ruega por nosotros; y si ese amor que desciende desde su Corazón a los hijos de los hombres es amor de Padre, hartas veces lastimado; de

> Hermano, casi siempre desairado; de Amigo, las más de las veces abandonado; de Esposo, muy poco correspondido y de Rey, muchas veces desobedecido, vilipendiado y traicionado . . . si todo esto es así, yo debo estar ante el Sagrario con **todo** mi corazón y con **todo** el amor de él para sumergirme en aquel Corazón y palpitar con sus mismas palpitaciones y amar como Él ama; alabando, agradeciendo, expiando, intercediendo al Padre celestial y disponiéndose a darse por Él de todos los modos a sus prójimos hasta el fin sin esperar nada . . . . En menos palabras, si Jesús está en el Sagrario para prolongar, extender y perpetuar su Encarnación y su Redención, lo menos que yo debo hacer es presentarle mi alma **entera** con sus potencias y mi cuerpo **entero** con sus sentidos, para que se llenen y empapen de sentimientos, ideas y afectos de Jesús Redentor encarnado y sacramentado . . . .[2]

San Manuel sostenía que la Adoración Eucarística trae gran consuelo al Sagrado Corazón de Jesús. Es la presencia de un verdadero amigo que alivia la carga de su Amigo doliente en el Sagrario. Por eso formó grupos y asociaciones para hacer reparación

2. Ver San Manuel González, *Obras completas I*, nn. 218–219.

ante el Santísimo Sacramento. Incluso cuando él trabajó en un hogar de ancianos, convenció a muchos de ellos de pasar largas horas con Jesús. Llamó a la adoración "mantener la compañía de la compasión" con el Señor. La compasión une a dos personas y las convierte en una. Él escribió:

> Esta, esta es la compañía de compasión; la que pone entre Jesús y yo presentes, comunicación y cambio de miradas, de palabras, de necesidades, de afectos . . . ; la que me hace mirar, hablar, oír, pedir, recibir, confiar, sentir y amar como Él y con Él . . . .[3]

Cómo debo estar yo con Jesús en el Sagrario

Llena el alma de ese vivir sintiendo y **compadeciendo** con Él, procura no ver, ni oír, ni sentir, ni querer las cosas, los acontecimientos y a las personas, sino como Jesús desde su Sagrario las ve, oye, siente y quiere y de esta suerte la presencia nuestra ante el Sagrario, que por ser corporal, está limitada sólo al tiempo en que estamos delante de Él, por esta compasión le podemos acompañar no a ratos, sino siempre, siempre . . . .

---

3. Ver San Manuel González, *Obras completas I*, n. 219.

Por esta compañía de compasión, nuestro corazón y nuestra vida se convierten en eco del Corazón y de la Vida que palpitan en nuestro Sagrario . . . .

Alma, que crees con viva fe en la presencia real de Jesús en la Eucaristía, ¿puedes medir la inmensidad del consuelo que el Corazón de Jesús recibiría en su Sagrario y de la dulzura y seguridad y paz que te inundarían, si tu corazón no tuviera más ritmo que el ritmo del Corazón de Jesús Sacramentado?

Dos corazones con el mismo ritmo son un solo corazón. Ésa es la obra de la compasión perfecta.[4]

El gran tesoro: La confianza en el Corazón de Jesús

No vacilo en llamarle el *gran tesoro*.

Confiar es *creer* firmemente que Jesucristo, Dios y Hombre verdadero, con el mismo poder con que está en el cielo y con el mismo Corazón con que consoló y remedió tantas penas y miserias en su vida mortal, está en el Sagrario de nuestra iglesia; *contar* con que en ese Sagrario

4. Ver San Manuel González, *Obras completas I*, n. 220.

ni su poder ni su Corazón están ociosos; *tener en cuenta* que por mucho interés y mucho afán que tenga uno por el feliz éxito de una obra buena, muchísimo más tiene ese Corazón vivo, real y poderoso que está en el Sagrario, porque Él ama su gloria y nuestra salvación infinitamente más que nosotros podemos amarlas; y que, por consiguiente, por cada buen deseo nuestro en favor de aquella obra, Él tiene un millón y por cada esfuerzo nuestro, a veces infructuoso o ineficaz, porque valemos poco, Él dará una bendición que valga por un millón de esfuerzos nuestros. *Contar* con que ese Corazón tiene *amor* y *bien* para todos y cada uno de los hombres, y de tal modo para cada uno como si no tuviera que dar amor más que a ese solo.[5]

5. Ver San Manuel González García, *Obras completas III*, (Madrid: El Granito de Arena, 1998), n. 5036.

IV

EL ABANDONO DEL DOGMA DE LA COMUNIÓN

SAN MANUEL CONTINÚA explicando el efecto deseado por Jesús cuando instituyó la Santísima Eucaristía:

> ¡Cuánto habría que lamentar y que declarar sobre ese poco reparado abandono de la Teología de la Comunión! Creo, sin embargo, que lo mucho, aunque nunca suficiente, que tengo escrito sobre ese tema,[1] me releva de extenderme sobre él. Una reflexión tan sólo, que descubra algo ese abandono y despierte ganas de conocerlo a fondo para repararlo con energía. Y esa reflexión me la dará hecha la respuesta a esta pregunta.
>
> **FIN DE LA COMUNIÓN**
>
> ¿Para qué quiso y dispuso Jesús que se comulgara?

---

1. Nota de san Manuel González: Véanse especialmente mis *Florecillas de Sagrario*, *Mi Comunión de María* y *Arte y Liturgia*.

> ¿Para regalar sólo, o adornar las almas santas, como se regala un dulce al niño bueno? ¿Para facilitar al alma adquirir esta o aquella virtud, o subir a las privilegiadas a un grado superior de fervor? . . . ¿Para recibir Él más de cerca sus adoraciones? ¿Para ser el Huésped benéfico de nuestra casa, el compañero de nuestra peregrinación? . . .
>
> Más que para eso, Jesús quiere ser comulgado para un fin mucho más necesario y absoluto: ese fin señalado y revelado con estas palabras:
>
> "Mi carne verdaderamente es comida . . .".
>
> ¡Qué cuadro de maravillas de cielo y de misterios inefables se presenta ahora!
>
> Ya tenemos el velo levantado y la luz encendida para entrar en ese laboratorio misterioso del alma que acaba de comulgar.
>
> **Inmediatamente**, el fin es **alimentar** la vida sobrenatural del **hombre todo** con su **Carne viva,** y
>
> **Mediatamente** y de modo gradual y lento asimilar y **transformar al hombre todo** en **todo Él.**[2]

Jesús nos proporcionó este Alimento místico, que nos permite alimentarnos de su mismo Ser, para

2. Ver San Manuel González, *Obras completas I*, n. 193.

que Él pueda revivir su propia vida santa en nosotros. Cristo vivió los santos misterios de su vida mortal de manera perfecta hace dos mil años, pero ahora continúa reviviendo místicamente esos misterios y sus virtudes en la vida de los fieles por el poder de la Sagrada Comunión. El santo explica los efectos de este Alimento celestial:

> La **Comunión** tiende por su propia virtud y llega, si no se le pone obstáculo **voluntario** por el hombre, a unir por asimilación, **a cada** hombre con Cristo, dándole a vivir la misma vida suya, no sólo de hombre, sino de Dios.
>
> En unión tan íntima y en semejanza de vida tal como la de un hermano con su hermano, como la de un miembro de un cuerpo con otro miembro del mismo, de tal modo que toda Comunión por propia virtud y por la intención de su divino Autor, no deja de obrar e influir hasta hacer de cada comulgante un hijo verdadero de Dios, hermano perfecto de Jesús, miembro vivo y rebosante de salud de su Cuerpo, participante y heredero de todos sus bienes y méritos, en una palabra, **otro Jesús.**[3]

3. Ver San Manuel González, *Obras completas I*, n. 194.

El mayor acto de gratitud que podemos rendir a Jesús por darnos el regalo de la Sagrada Comunión cada mañana, es llegar a parecernos a Él durante todo el día. Aunque por nosotros mismos no podemos imitar sus virtudes, por el poder de la Eucaristía sí podemos. Además, también podemos imitar a Jesús en su presencia en el Sagrario, donde Él está silenciosamente disponible para todos y no protesta ni se queja de cómo es tratado:

Mi acción de gracias de la Comunión de hoy

> Hacer el mayor bien posible andando por el camino de la *obediencia*, sin torcerse por las trochas del *propio capricho*, respirando el aire de la *paz* de la conciencia limpia, y guardando el mayor *silencio* de cosas propias, sin esperar más recompensa que la mirada de Jesús, es imitar la *Hostia Callada* del Sagrario y la mejor acción de gracias de haberla comido por la mañana.[4]

4. Ver San Manuel González García, *Obras completas II*, (Madrid: El Granito de Arena, 1998), n. 3160.

V

¿QUÉ HACE Y QUÉ DICE EL CORAZÓN DE JESÚS EN EL SAGRARIO?

LA ADORACIÓN Y EL EVANGELIO

El santo eucarístico estaba convencido de que cuando hacemos adoración, siempre debemos usar los sagrados Evangelios para entrar en diálogo con Cristo. Es un error separar al Cristo del Sagrario del Cristo de los Evangelios. Hay un solo Cristo. En las siguientes meditaciones, nos enseña cómo usar los Evangelios para iluminarnos sobre la actividad de Jesús en el Santísimo Sacramento. También nos da una idea de su propia vida espiritual y de las conversaciones místicas con el Señor que fueron la causa de su alegría. Al principio, algunos pueden sorprenderse por el tipo de lenguaje que usa para describir la Presencia Real, pero san Manuel estaba haciendo todo lo posible para despertarnos al hecho de que el Señor Eucarístico está vivo y todopoderoso en su Sagrario. Si no somos plenamente conscientes de esa verdad, no significa que no sea verdad, sino que aún tenemos que descubrir la mayor felicidad que se puede encontrar en la tierra. El Apóstol del Sagrario Abandonado es el hombre preciso para llevarnos a un descubrimiento tan bendito. Citaremos aquí extensamente sus propias palabras y dedicaremos muchas páginas a esta parte de la obra tan querida para su corazón:

¿A quién buscan estas páginas?

Buscan en general a la familia del Sagrario.

A los Sacerdotes y a los que aspiran a serlo, a los Religiosos y Religiosas, y a los hombres y mujeres de acción católica y a todos los que sinceramente creen en la presencia real de Nuestro Señor Jesucristo en la Sagrada Eucaristía y de algún modo están interesados y trabajan porque su Corazón Eucarístico sea conocido, amado, imitado, desagraviado y glorificado y, mediante esto, se establezca y arraigue el Reino de Dios entre los hombres.

Para qué los buscan

Para proponerles un viaje al **País de las divinas sorpresas.**

A pesar de la antigüedad y de la belleza de este país, ¡está tan poco transitado el camino que a él conduce, y son tan escasos los visitantes! ¿Conocéis ese país? Es el **interior del Sagrario.** ¡Los encantos y tesoros y maravillas que ahí se guardan!

¡El Sagrario visto, oído y gustado por dentro! . . .

El Corazón de Jesús, a pesar de su inmovilidad y silencio aparentes en el Sagrario, no está ni ocioso ni callado

Y la fuerza del Señor le impulsaba a curar. (*Lc* 5,17)

He aquí una pregunta que a no pocos cristianos y, diré más, piadosos, dejará perplejos:

¡No habían parado mientes en que en el Sagrario hay quien pueda hablar y hable!, ¡quien pueda obrar en el Sagrario virtud!

¿Verdad que para muchos cristianos la idea del Sagrario es esto: un lugar de mucho respeto, porque en él habita un Señor muy alto, muy grande, muy poderoso, todo majestad, pero **muy callado y muy quieto?**

Y no es que no crean que Jesucristo en el Sagrario esté **todo entero** como en el Cielo.

Creen ciertamente que está allí con divinidad y alma y cuerpo y por consiguiente con ojos que ven, con oídos que oyen, con manos que se pueden mover, con boca que puede hablar . . . .

Sí, la fe de todo esto la tienen, pero es una fe que se quedó sólo en la cabeza y no bajó al corazón y mucho menos a la sensibilidad.

Es una fe que, por quedarse allí estancada, apenas si se ha convertido en **luz** de aquella vida, en criterio, en **calor**, en amor, en persuasión íntima, en entusiasmo, en impulsor de acción y de acción decidida.

Le pasa a esa fe lo que a las semillas de plantas grandes sembradas en macetas pequeñas.

Por muy fecunda que sea la semilla, por mucha agua y luz con que la regaléis, si no dais a sus raíces tierra y lugar para su expansión, no conseguiréis sino una planta raquítica y encogida.

Y hay cristianos que hacen eso mismo con su fe, de tal modo la **ahogan** en su rutinario modo de ver y entender, que, sin que se pueda negar que tienen fe, ésta apenas si da señales de vida y de influencia.

Me he convencido hace tiempo de que el mal de muchísima gente no es no **saber** cosas buenas, sino no **darse cuenta** de las cosas buenas que saben.

Mucha ignorancia hay, y de cosas religiosas, es una ignorancia que espanta; pero con ser tan grande, es mucho más la que yo llamaría **falta de darse cuenta.**

Y prácticamente, creo, que es causa más frecuente de la indiferencia religiosa y de tanta clase de pecados, la falta de darse cuenta, que la falta de saber.

La mayor parte de los cristianos que viven sin cumplir con ninguno de los preceptos que su religión les impone, **saben** que tienen obligación de oír Misa los Domingos y Fiestas, de confesar y comulgar una vez al año, etc.; todos esos tienen **fe** en la Confesión, en la Comunión, en la autoridad docente de la Iglesia, y, sin embargo, no practican, ni se inquietan por no practicar.

Yo creo que su mal está en que han metido su fe en la **maceta** de sus rutinas, de sus comodísimos, de sus idiosincrasias, de su egoísmo, ya dije la palabra, de su egoísmo, porque éste es el **único interesado** en tener encerrada y ahogada la fe en el alma.

Así como la humildad y la caridad, si no son la sabiduría, son los elementos que mejor preparan para recibirla y fomentarla, la soberbia y el amor propio, que son los componentes del egoísmo, entorpecen, inutilizan y paralizan la ciencia adquirida.

El remedio, por consiguiente, estará en tratar de hacer añicos esa **maceta** para que la fe, como las raíces de la planta cautiva, se convierta en amor, y en obras y en hábitos de vida recta cristiana.

Y en nada se echa de ver tanto esa **falta de darse cuenta**, como en la conducta de los cristianos con respecto a la Santa Eucaristía.

Todos saben lo que allí hay, pero ¡qué pocos se **dan por enterados**!

¡**Qué feliz** sería yo si consiguiera con mis escritos despertar en algunos cristianos el **sentido de darse cuenta** de la Eucaristía! ¡Qué feliz si por resultado de estas lecturas algunos cristianos se levantaran decididos a ir al Sagrario para **ver** lo que allí se **hace** y para **oír** lo que allí se **dice** por el más bueno y más constante de nuestros amadores!

Porque sabedlo Cristianos, el Corazón de Jesús no está en el Sagrario ni callado ni ocioso.[1]

1. Ver San Manuel González, *Obras completas I*, nn. 384–387.

El Sagrario es el lugar de la tierra en donde se habla más y mejor y se trabaja más activa y fecundamente

¿Hacer? ¿Decir? Pero ¿quién puede averiguar lo que se dice y se hace en un lugar en el que ni se oye ni se ve nada?

¡Está tan callado y tan quieto el Señor en el Sagrario que parece que en él no pide otro homenaje que el de nuestra adoración en silencio!

Yo os digo, sin embargo, que no hay en toda la tierra un lugar en donde se **hable más y mejor** y se **trabaje más activa y fecundamente.**

No es al oído y al ojo de la carne a quienes toca oír y ver esas cosas sino al oído y al ojo del alma. Con ellos atentos vamos a oír y a ver lo que se dice y se hace en el Sagrario.

Y como no quiero que me creáis en materia de tanta monta por mi sola palabra, y como deseo que se tenga lo que yo afirmo del Sagrario como una realidad y no como una ilusión más o menos piadosa o como alegorías mejor o peor compuestas y aplicadas, propongo a los que me lean el siguiente interrogatorio del cual sacarán la demostración concluyente de que en el Sagrario **se dice y se hace** en medio de su silencio y quietud.

¿**Es de fe** que nuestro Señor Jesucristo está **todo entero** en la Hostia consagrada?

"Sí".

Si está **entero** allí ¿no es verdad que tendrá **boca** y **ojos** y **manos** y **corazón**?

Y aunque para nuestra insuficiencia sea un misterio el **modo sacramental,** o sea cómo está nuestro Señor Jesucristo en la Hostia consagrada, ¿podrá creerse que estén privados de su ejercicio legítimo o por lo menos de su virtud o poder todos sus miembros y facultades de hombre verdadero?

"No".

De manera que si Jesucristo tiene **boca** en la santa Eucaristía, **puede hablar** con ella; si tiene **ojos, puede ver** con ellos; si tiene **Corazón, puede amar** con él, de modo misterioso, es cierto, como misterioso es el modo que tiene en la Santa Hostia, pero no menos verdadero y real.

¿No es esto?

"Sí".

El único reparo que podría oponerse a esa doctrina es que los ojos y los oídos de nuestra cara no ven ni oyen nada de eso en el Sagrario; pero contra ese reparo se alzan la razón recta y la Fe sobrenatural para decir muy alto que el

Jesucristo del Sagrario es tan grande que tiene infinitos modos de ser percibido y que nuestros sentidos son tan chicos y limitados que no pueden aspirar a percibir a Jesucristo en todos sus modos sino sólo en el que Él se les **quiera mostrar.**[2]

Este es el caso

¿Podrá negarse fundadamente que Jesucristo dice o hace, está de este modo o del otro en el Sagrario porque los más groseros instrumentos de percepción del ser racional no lo perciben?

¡Bien parada quedaría la grandeza y el poder de Jesucristo si tuviera que amarrarse a nuestros ojos y oídos de tal modo que no pudiera manifestarse ni obrar sino de manera que éstos dieran testimonio de Él!

Sí, amigos míos, a la grandeza de Jesucristo corresponde hablar tan fina y dulcemente que nuestros toscos oídos no lo perciban, a su Majestad soberana toca manifestarse tan soberanamente hermoso o tan delicadamente sutil que nuestros toscos ojos no lo alcancen si no se deja.

¡**A ver!** ¿Quién es tan osadamente ruin que se atreva a prohibir a Jesucristo el paso o la

---

2. Ver San Manuel González, *Obras completas I*, nn. 388–389.

estancia en el Sagrario porque no se deja medir por su vista o por su oído?

¿Lo oís bien? ¡A Jesucristo! ¡que entra en el mundo pasando por el seno de su Madre sin romperlo ni mancharlo, que se transfigura en el Tabor, que anda sobre las aguas con los pies enjutos, que muere cuando quiere y que se resucita a sí mismo, que se aparece a la Magdalena y a sus discípulos, y no se deja conocer sino cuando quiere y de los que quiere, que penetra en la casa de sus apóstoles con las puertas cerradas . . . !

Ese Jesucristo que domina el espacio, la óptica, la acústica, la extensión, la velocidad y las propiedades de la materia y de la inteligencia del hombre, ¿no va a poder estar o hablar en el Sagrario sin que los ojos y los oídos del hombre pobrecillo le den el permiso o el visto bueno?

Sí, lo repetiré: Jesucristo, a pesar de su silencio y quietud del Sagrario **dice y hace** . . . .[3]

3. Ver San Manuel González, *Obras completas I*, n. 391.

El revelador del Sagrario

Quien a vosotros os oye, a mí me oye. (*Lc 10,16*)

Después de haber demostrado en el artículo anterior que en el Sagrario no está el Corazón de Jesús ni mudo ni ocioso, todavía me sale al paso otro reparo.

Conforme, podría objetar alguno, con que el Corazón de Jesús diga y haga en su vida de Sagrario, pero siendo tan misterioso su modo de estar allí, ¿cómo y por dónde vamos a saber lo que dice y hace? ¿cómo sorprender el secreto de esas inefables conversaciones y operaciones? ¿Será cosa de acudir a revelaciones de almas regaladas con confidencias sobrenaturales no concedidas al común de los fieles?

¿Será menester esperar milagros o extraordinarias manifestaciones del Dios oculto del Sagrario? Si aplicando nuestros oídos y nuestros ojos a aquellas puertecitas doradas, nada aprendemos de lo que nuestra Fe nos dice allá dentro, ¿por dónde enterarnos de cosas que tan de cerca nos tocan y tanto han de aprovecharnos? ¿Quién nos va a revelar esos tesoros de bellezas y maravillas?

Hora es ya de descubriros al gran **revelador** del Sagrario, el gran **confidente** que está en el secreto suyo, el **amigo íntimo** que nos puede hacer entrar en ese Alcázar de las misteriosas maravillas del Sagrario.

¡Tenéis prisa por saber su nombre! ¿verdad?

¡El Evangelio!

Es ése el dedo poderoso que va a levantar ante vuestra vista asombrada el velo de aquellos arcanos, y ése es el mensajero que Dios bueno os envía para que vuestros ojos y vuestros oídos de carne puedan ver y oír, sin milagro ni revelaciones especiales, lo que en el Sagrario se dice y se hace.

¡El Evangelio!

¿Pero os habéis fijado en lo que es y lo que vale el Evangelio?

Algunas veces nos hemos lamentado de que no se hubiera conocido el arte de la fotografía en los tiempos de la vida mortal de Nuestro Señor Jesucristo para haber tenido el consuelo, grande por cierto, de conservar su retrato. ¡Qué alegría poder recrearse en una fotografía de la que pudiéramos con seguridad decir: ese era Él!

Ese retrato, sin embargo, no nos había de dar más alegría que la que nos proporciona el Evangelio.

Una fotografía de J. C. por muy bien hecha que hubiera resultado, sería siempre un retrato de Él por **fuera** y en una sola actitud: el Evangelio es el retrato de Jesucristo por **dentro** y por **fuera** en variadísimas actitudes.

¿Os habéis dado bien cuenta del valor de un libro que nos retrata al vivo al ser más querido de nuestro corazón en sus lágrimas de pobre y de perseguido y sus triunfos de Rey y de Dios, que nos conserva la descripción de sus hechos, de sus milagros y de sus virtudes, nos guarda sus sentencias, sus parábolas y sus promesas, y que, para prevenir toda duda y matar toda incredulidad, se nos presenta con todas las garantías humanas y divinas de autenticidad?

No es un Santo más o menos regalado por Dios de celestiales revelaciones, no es un milagro atestiguado por mayor o menor número de testigos, es la misma Tercera Persona de la Trinidad augusta la que se ha cuidado de velar por la exactitud y verdad de ese retrato del Hijo de Dios hecho hombre.

Amigos, demos una y muchas veces gracias al Espíritu Santo por el riquísimo regalo del Evangelio de nuestro Señor Jesucristo.

Démosle muchísimas gracias porque nos ha hecho conocer **de cierto** lo que dijo, hizo y hasta lo que pensó y deseó Jesucristo nuestro Señor en los años que mediaron entre su Encarnación y su Ascensión.

Por el Evangelio tenemos la **dulcísima seguridad** de decir cuando rezamos: así rezó mi Maestro Jesús; y cuando perdonamos una ofensa: así perdonó mi Maestro Jesús; y cuando escasea el pan que llevar a nuestra boca y no tenemos techo bajo el cual cobijarnos: así vivió mi Maestro Jesús; y cuando se nos presente la cruz para vivir o morir en ella: así vivió y murió mi Maestro Jesús . . . .

¡Bendita y dulce seguridad!

Y ¡qué!, ¿no podremos tener esa misma seguridad con el Jesucristo del Sagrario?[4]

---

4. Ver San Manuel González, *Obras completas I*, nn. 392–395.

VI

¿QUÉ HACE EL CORAZÓN DE JESÚS EN EL SAGRARIO?

Mi Padre no deja de trabajar, y yo también trabajo. (*Jn* 5,17)

EL MISTERIO SILENCIOSO y siempre presente del Santísimo Sacramento es el signo constante y el recordatorio del amor de Dios en nuestras vidas. Santa Teresa de Calcuta dijo que el Crucifijo nos enseña cuánto nos amaba Jesús en aquel entonces, pero la Sagrada Hostia nos enseña cómo nos ama ahora. A veces podemos sentirnos abrumados por la oscuridad del mundo, pero la presencia de Jesús en nuestro Sagrario más cercano es nuestro refugio y consuelo seguro. El mero hecho de que Él permanezca con nosotros día y noche es prueba del amor de Dios, y su mismo acto de ser es en sí mismo un acto de puro amor. San Manuel nos explica la naturaleza de un amor que se manifiesta en forma de presencia fiel:

El Corazón de Jesús está aquí

En cuanto dijo esto, fue a llamar a su hermana María, diciéndole en un aparte: El Maestro está aquí y te llama. (*Jn* 11,28)

Llamo tu atención, toda tu atención, María del Sagrario Calvario y tú lector, quienquiera que seas, sobre la ocupación primera que he descubierto del Corazón de Jesús.

Así, **estar** y no añado ningún verbo que exprese un fin, una manera, un tiempo, una acción de ese estar.

No te fijes ahora en que está allí consolando, iluminando, curando, alimentando..., sino sólo en esto, en que **está**.

Pero ¿eso es una ocupación?, me argüirá alguno. ¡Si parece que **estar** es lo opuesto a **hacer**!

Y, sin embargo, te aseguro, después de haber meditado en ese verbo aplicado al Corazón de Jesús en su vida de Sagrario, que pocos, si hay alguno, expresarán más actividad, más laboriosidad, más amor en incendio que ese verbo **estar.**

¿Vamos a verlo?

Estar, significa en el Sagrario **venir** del cielo todo un Dios, **hacer** el milagro más estupendo de sabiduría, poder y amor para poder llegar hasta la ruindad del hombre, **quedarse quieto, callado y hasta gustoso,** lo traten bien o lo traten mal, lo pongan en casa rica o miserable, lo busquen o lo desprecien, lo alaben o lo maldigan, lo adoren como a Dios o lo desechen como mueble viejo . . . y repetir eso mañana y pasado mañana y el mes que viene y un año y un siglo y hasta el fin de los siglos . . . y repetirlo en este Sagrario y en el del templo vecino y en el de todos los pueblos . . . y repetir eso entre almas buenas, finas y agradecidas y entre almas tibias, olvidadizas, inconstantes y entre almas frías, duras, pérfidas, sacrílegas . . . .

Eso es **estar** el Corazón de Jesús en el Sagrario, poner en actividad infinita un amor, una paciencia, una condescendencia tan grandes por lo menos como el poder que se necesita para **amarrar** a todo un Dios al carro de tantas humillaciones.[1]

Está aquí

Sabedlo, demonios que queréis perderme, que tratáis de sonsacarme, enfermedades que ponéis tristeza en mi vida, contrariedades, desengaños,

1. Ver San Manuel González, *Obras completas I*, nn. 396–397.

que arrancáis lágrimas a mis ojos y gotas de sangre a mi corazón, pecados que me atormentáis con vuestros remordimientos, cosas malas que me asediáis, sabedlo, que el Fuerte, el Grande, el Magnífico, el Suave, el Vencedor, el Buenísimo Corazón de Jesús **está aquí, ¡aquí** en el Sagrario mío!

Padre eterno, ¡bendita sea la hora en que los labios de vuestro Hijo unigénito se abrieron en la tierra para dejar salir estas palabras: "**Sabed que yo estoy todos los días con vosotros hasta la consumación de los siglos**".

Padre, Hijo y Espíritu Santo, benditos seáis por cada uno de los segundos que **está** con nosotros el Corazón de Jesús en cada uno de los Sagrarios de la tierra.

¡Bendito, bendito **Emmanuel**![2]

El Corazón de Jesús está mirándome

Jesús se volvió y mirándola le dijo: "Ten confianza, hija, tu fe te ha salvado". (Mt 9,22)

El Corazón de Jesús en el Sagrario **me mira.**

Me mira **siempre.**

---

2. Ver San Manuel González, *Obras completas I*, n. 399.

Me mira en **todas partes** . . . .

Me mira como si no tuviera que mirar a nadie más que a mí.

¿Por qué?

Porque me quiere, y los que se quieren ansían mirarse.

A la madre que se lleva las horas muertas sin hablar y casi sin respirar, junto a su hijito que duerme, preguntadle qué hace y os responderá: miro a mi hijo . . . .

¿Por qué? Porque lo quiere con todo su corazón y su cariño le impide hartarse de mirarlo.

Y su pena ¿sabéis cuál es? no poder seguir al niño de su corazón con su mirada siempre, ahora de niño y después de hombre. Si ella pudiera no perderlo de vista, ¡cómo gozaría, cómo defendería, cómo acompañaría a su hijo . . . !

¡Cómo sienten las madres no tener un **cariño omnipotente**!

Pero el Corazón de Jesús nos quiere, digo más, me quiere a mí y a cada cual con un cariño tan grande como su poder, y su poder ¡no tiene límites! ¡Un cariño omnipotente!

¡Sí, Él me sigue con su mirada, como me seguiría mi madre, si pudiera!

Alma, detente un momento en saborear esta palabra: **El Corazón de Jesús está siempre mirándome.**[3]

¿Cómo?

Hay miradas de espanto, de persecución, de vigilancia, de amor.

¿Cómo me mira a mí el Corazón de Jesús desde su Eucaristía?

Ante todo te prevengo que su mirada no es la del ojo justiciero que perseguía a Caín, el mal hermano.

No es aquella mirada de espanto, de remordimiento sin esperanza, de justicia siempre amenazante. No, así no me mira ahora a mí.

¿Cómo? Vuelvo a preguntar.

El Evangelio me responde:[4]

Las tres miradas del Corazón de Jesús

Una es la mirada que tiene para los amigos que **aún no han caído**, otra es para los amigos que **están cayendo** o **acaban** de caer pero quieren levantarse y la otra para los que **cayeron** y **no se levantarán porque no quieren.**[5]

---

3. Ver San Manuel González, *Obras completas I*, n. 400.
4. Ver San Manuel González, *Obras completas I*, n. 401.
5. Ver San Manuel González, *Obras completas I*, n. 402.

Con la primera mirada regaló al joven aquél que de rodillas le preguntaba: Maestro bueno, ¿qué he de hacer para conseguir la vida eterna?

El Evangelista san Marcos (cap. 10), a más de la respuesta que de palabra le da el Maestro bueno, pone en la cara de éste otra respuesta más expresiva: el Maestro **mirándolo de hito en hito,** lo amó.

¡Mirada de complacencia, de descanso, de apacible posesión con que el Corazón de Jesús envuelve y baña a las almas inocentes y sencillas, que como la de aquél, "había guardado los mandamientos desde su juventud!".[6]

La segunda mirada tiene por escena un cuadro triste: ¡el patio del sumo Sacerdote!

Allá dentro, Jesús casi sumergido en un mar de calumnias, ingratitudes, malos tratos . . . fuera, Pedro el amigo íntimo, el hombre de confianza, el confidente del perseguido Jesús, negándolo una, dos, tres veces con juramento y con escándalo . . . .

¿Qué ha pasado? Pedro ha echado a correr aguantando con sus manos cerradas lágrimas que brotan de sus ojos.

6. Ver San Manuel González, *Obras completas I*, n. 403.

Es que el **Reo** de allá dentro ha saltado por encima de todos sus dolores, ha vuelto la cara atrás y **ha mirado al amigo que caía.**

¡Mirada de **recuerdos** de beneficios recibidos, de **reproches** que duelen y parten el alma de pena, de invitación a llanto perenne, de **esperanza,** de perdón . . . !

La tercera mirada: ¡Qué desoladora! ¡El Maestro, sobre lo alto de un monte, cruzados los brazos, mira a Jerusalén y llora . . . !

¡Qué triste, que desconsoladoramente triste debe ser la mirada de Jesús sobre un alma que ciertamente se condenará!

Cruza sus brazos porque la obstinación y dureza de aquella alma frustra cuanto por ella se haga, y llora porque . . . eso es lo único que le queda que hacer a su Corazón.

Hermanos, ¿con cuál de estas tres miradas seremos mirados? ¡Qué buen examen de conciencia y qué buena meditación para delante del Sagrario!

Corazón de mi Jesús que vives en ese mi Sagrario, y que no dejas de mirarme, ya que no puedo aspirar a la **mirada de complacencia** con que regalas a los que **nunca cayeron,** déjame que te pida la **mirada del patio de Caifás.**

¡Me parezco tanto al Pedro de aquel patio! ¡Necesito tanto tu mirada para **empezar y acabar** de convertirme!

Mírame mucho, mucho, no dejes de mirarme como lo miraste a él, hasta que las lágrimas que tu mirada arranquen abran surcos si no en mis mejillas como en las de tu amigo, al menos en mi corazón destrozado de la pena del pecado.

Mírame así: te lo repito, y que yo me dé cuenta de que me miras siempre. ¡Que yo no quiero verte delante de mí llorando y con los brazos cruzados . . . que soy yo el que quiere y debe llorar!

¡Tú, no![7]

El Corazón de Jesús
está exhalando virtud

Salía de él una fuerza que sanaba a todos. (Lc 6,19)

Como el agua del arroyo exhala frescura y humedad, aunque nadie se acerque a sus riberas, como la rosa exhala perfume, aunque nadie se incline a olerla, así el Corazón de Jesús que vive en el Sagrario está siempre **exhalando** virtud, abandonado y solo.

7. Ver San Manuel González, *Obras completas I*, nn. 404-405.

Me lo dice el Evangelio

¿Quieres, **María** del Sagrario, que nos detengamos a saborear esas palabras? ¡Descubren a tu fe, a tu confianza y a tu dicha un mundo tan dilatado!

De Él, es decir, del Jesús que entonces andaba por las calles y plazas y que ahora vive en los Sagrarios, de Él **salía virtud**.

¿Cuándo?

El Evangelio no señala tiempo ni pone limitaciones.

De Él salía virtud **siempre**; lo mismo cuando se inclinaba ante el joven muerto de Naín para resucitarlo, que cuando era cercado y oprimido por la muchedumbre que quería oírlo; lo mismo cuando recién nacido atrae sobre su cuna los cánticos de los ángeles del cielo y los cariñosos obsequios de pastores y reyes, que cuando muerto hace oscurecer el sol, estremecer a los cadáveres en sus sepulcros y quebrantar las piedras.

De Jesucristo salía siempre virtud.[8]

¿Cómo?

¿Cómo era esa virtud?

---

8. Ver San Manuel González, *Obras completas I*, n. 406.

El Evangelio también me ha hecho la merced de explicarme la naturaleza de esa virtud.

¡Cuánto debemos al Evangelio!

¡Sanabat!

Jesucristo, como Dios que es, tiene poder para dejar salir de Él muchas clases de virtud.

Virtud de creador, de dominador, de aniquilador, de juez, no eres tú la virtud que salía de mi Señor Jesucristo.

¡Virtud de sanar!

Ésa es la virtud que, como aroma exquisito esparcía en torno suyo el fruto bendito de la Madre Inmaculada.

¡Sanar!

¡Cuadra eso tan bien al que se hizo Médico para buscar, no sanos, sino enfermos, pecadores y no justos!

¡Necesitaba tanto de esa virtud nuestra pobre naturaleza!

¡Sabía Él tan bien que venía a tierra de enfermos del cuerpo muchos, del alma todos!

Virtud de sanar ¡cuánta falta hacías a tanto paralítico, ciego, sordo, mudo, herido, muerto, no sólo del cuerpo, sino del alma![9]

---

9. Ver San Manuel González, *Obras completas I*, n. 407.

Y ¿ALCANZARÁ A MUCHOS?

¡No tengáis miedo, enfermos que esperáis que os toque la virtud de Jesucristo!

Que no es virtud para uno solo por cada año como en la piscina de Bethesda, que no es virtud para los hombres de una edad o de un pueblo, como la que han tenido los Santos taumaturgos; no tengáis miedo, que esta virtud es **para todos.**

¿Lo oís bien? Para todos los hombres, de todos los tiempos y de todos los pueblos.

¿No os habéis fijado en la palabra tan amplia del Evangelio: **todos**?

¡Cómo ensancha mi alma esa palabra, **todos**!

De modo que yo, pobrecilla criatura, que he venido al mundo veinte siglos después de haber pasado por él, Jesucristo exhalando virtud, ¿puedo esperar que a mí me toque también esa virtud?

¿Sí?

Pero ¿en dónde me encontraré con Él?

¡Soberana realidad de los Sagrarios cristianos, ven a dar a mi alma la respuesta y la seguridad de su dicha! Dile que sí, que el Jesús de la virtud aquella vive todavía y vive en la tierra muy cerca de mí, junto a mi casa, ¡en el Sagrario!

Di a mi alma y di a todas las almas que quieran oír, que en el Sagrario vive el mismo Jesús de Jerusalén y Nazaret, con su mismo Corazón tan lleno, tan rebosante de virtud de sanar y tan abierto para que salga perennemente en favor de todos . . . .[10]

LA VIRTUD DEL CORAZÓN DE JESÚS ESTÁ NO POCAS VECES DESPERDICIADA

Entonces dijo Jesús: "¿Quién es el que me ha tocado?" (Lc 8,45)

El poder sanador brota incesantemente del Corazón Eucarístico de Jesús, pero con el fin de poder ser recibido, debe encontrarse con una cierta receptividad. Esta receptividad consiste en las virtudes teologales. Cuando Cristo en el Santísimo Sacramento encuentra estas virtudes presentes en un alma, actúa sobre ella muy poderosamente, pero si no las encuentra, gran parte del poder espiritual disponible para la Iglesia no se recibe. San Manuel lamenta este triste e innecesario desperdicio de gracia:

---

10. Ver San Manuel González, *Obras completas I*, nn. 408–409.

¿Por qué, a pesar de esa virtud de **sanar** que del Corazón de Jesús brota incesantemente en el Sagrario, quedamos aún tantos **enfermos**?

No soy yo, sino el Evangelio mismo el que va a responder con el relato de una historia interesante.

Una mujer enferma, hacía doce años, de enfermedad incurable, ve pasar no lejos de su casa al **Galileo santo de quien salía virtud de curar.**

¡Quién hablara con Él, quién apretara sus manos hacedoras de maravillas, quién estampara un beso en sus pies benditos! ¡Si yo lo tocara!

¡Pero Él tan grande, tan puro, tan ocupado, tan solicitado por la muchedumbre . . . y yo tan insignificante, tan débil . . . y mi enfermedad tan vergonzosa . . . !

¡Si yo consiguiera al menos tocar la orla de su capa, vaya si me curaría!

Y entre tímida y confiada se mezcla con la turba que trabajosamente dejaba avanzar a Jesús.

Había llegado hasta Él por detrás y llevado sus manos primero y después sus labios al filo de su manto.

¡Estaba curada!

Mas Jesús, como movido por secreto resorte, vuelve los ojos atrás, mira y dice: Alguien me ha tocado, pues he sentido salir virtud de Mí.

"¿Cómo?" responden sus discípulos, "¿cómo dices que quién te ha tocado, si estas muchedumbres no dejan de oprimirte?"

Pero allí estaba para responder por los discípulos la que había tocado de aquella manera especial al Maestro.

Trémula y confusa se colocó delante de Él y de rodillas le cuenta toda la verdad.

Jesús la levanta, diciéndole en el más suave de todos los acentos: "Confía, hija; tus pecados te son perdonados . . .".

La que iba buscando la salud de su cuerpo, se levantó curada en su cuerpo y en su alma . . . .

Ahora os invito, Marías de los Sagrarios y almas de Fe, a un poco de meditación sobre este relato.

De esa meditación yo saco unas cuantas enseñanzas muy propias para los que **andamos** cerca del Sagrario.

La primera es que no basta **estar** en el Sagrario para llenarse o aprovecharse de la virtud que de él brota.

Muchos estaban junto al Maestro y no salían curados ni en sus cuerpos ni en sus almas.

La segunda enseñanza que saco es que para **sacar virtud** del Sagrario hace falta **tocar y saber tocar** al Corazón de Jesús que está en Él.

¡Saber tocar!

¡Qué! ¿no es eso lo que quiere decir aquel "quién me ha tocado", en medio de aquella muchedumbre que le tocaba hasta oprimirlo?

Los discípulos, quizá sin darse cuenta, han puesto un nombre adecuado a lo que hacen con Jesús muchos que andan con Él.

¡Oprimir a Jesucristo!

¡Dios mío! ¡Qué miedo he sentido al fijarme en esa palabra!

¡Qué miedo y qué pena en pensar que no pocas veces las muchedumbres que llenan tus templos y aun tus Sagrarios están imitando a las turbas del Evangelio; están **oprimiéndote**!

¡Qué pena es pensar que hasta muchas **Comuniones** son **opresiones**; sí, opresiones y, si fuera posible, asfixiantes de sentir tanta falta de espíritu cristiano y tanta sobra de espíritu mundano!

¡Ay! ¡Cómo me acuerdo de aquellas opresiones de las turbas, cuando veo en torno de tus Tabernáculos a cristianas vestidas de prostitutas y en actitudes de comediantes, y a cristianos que en el templo hablan, ríen, miran y gesticulan como en el teatro . . . !

¡Saldrán después y dirán que vienen de estar contigo; sí, de estar oprimiéndote, ahogándote con la barahúnda y la pestilencia de sus liviandades y coqueterías, y con su espíritu superficial, curioso, distraído y rutinario!

En cambio ¡qué poquitos son los que saben **tocarte** y por consiguiente **sacarte virtud**.

Con la fe se toca a Cristo, ha dicho san Ambrosio.

Pero no con una fe que se contenta con **rezar** el Credo, sino con aquella fe de la incurable que empieza en la **humildad** de no creerse digna ni de ponerse delante del santo Maestro y que termina y se manifiesta en la **confianza firme** de ser curada sólo por el contacto con lo más insignificante de su persona, la orla posterior de su vestidura.

¡La fe viva! Ésa es la que **toca** a Cristo, la que llega hasta su Corazón.

Si con **fe viva** nos llegáramos al Sagrario, ¡cómo nos sumergiríamos en aquel mar de luz, de amor, de vida, que brota de aquel Corazón! ¡Cómo se curarían todas nuestras dolencias! ¡Cómo gozaríamos de salud inalterable! ¡Cómo obtendríamos mucho más de lo que pedimos y esperamos!

Pero ¡nos hacen tanta falta aquella **humildad** que lo **teme todo** de sí y aquella confianza que lo **espera todo** de Él!

¡Vamos al Sagrario tan **llenos de nosotros** que no hay que extrañar que volvamos tan **vacíos** de Él!

Almas eucarísticas, Marías del Sagrario, ¿sabéis ahora por qué, a pesar de tanta virtud de sanar como exhala constantemente el Corazón de Jesús en el Sagrario, hay tantos enfermos, **aun** entre los que lo rodean y viven cerca de Él?[11]

EL CORAZÓN DE JESÚS ESTÁ ESCUCHANDO

Pero él lo oyó y dijo: . . . (*Mt* 9,12)

Además de mirarnos y derramar sobre nosotros su gracia sanadora, el Señor Jesús está también muy atento a cada palabra que le dirigimos en adoración. No hay corazón más sensible a nuestras necesidades que el Sagrado Corazón de Jesús. Incluso se anticipa

11. Ver San Manuel González, *Obras completas I*, nn. 412–415.

a nuestras necesidades y santos deseos. Nuestras peticiones no siempre son respondidas de inmediato, pero cada una de ellas es escuchada y recibida por el Señor, y podemos estar seguros de que Él las responderá a su manera y en el momento apropiado. En las Escrituras, Jesús incluso responde a los pensamientos de las personas, antes de que se expresen en palabras audibles. Hoy no es diferente. Al santo obispo le encantaba meditar sobre el hecho de que el Señor Eucarístico está escuchando activamente cada uno de nuestros pensamientos, suspiros y palabras:

> Pregunto de nuevo al Evangelio, el gran descubridor de los secretos del Sagrario, y me responde que ésa es otra de las constantes ocupaciones del Corazón de Jesús en él.
>
> ¡Escuchar siempre! Yo invito a los hombres, a quienes aún les queda un poquillo de corazón para sentir y agradecer, a que se fijen en lo que significa esa ocupación del Corazón de Jesús que me ha descubierto el Evangelio.
>
> Primeramente, fijaos en que no digo oír, sino escuchar, que es oír con interés, con atención, con gusto.
>
> Y después, en que añado esta palabra: siempre.

Mirad tres cosas que no las hace nadie en el mundo: escuchar **siempre**, escuchar a **todos** y escuchar **todo.**

Ni el curioso fisgón, por más interés que tenga en enterarse de todo, ni el amante más firme, por más deleite que tenga en oír hablar a quien o de lo que ama, pueden llegar a poseer toda la fuerza de cabeza, de corazón y hasta de sensibilidad que se necesita para escuchar siempre, a todos y todo.

Y sin embargo nuestra sensibilidad, nuestro corazón y nuestra cabeza reclaman, piden con exigencia **siempre** un **oído benévolo.**

Decidme que hay un hombre de saber que no encuentra oídos que recojan sus enseñanzas, que hay otro de corazón ardiente que no halla quien quiera recoger sus cuitas, y que hay otro que sufre enfermedades y quebrantos sin poder depositar el ¡ay! de su lamento en un oído compasivo y yo os diré que ese sabio y ese enamorado y ese dolorido **no escuchado,** son los hombres más desgraciados de la tierra.

La soledad, la aterradora soledad, perdería la mitad por lo menos de sus temores si los que la sufren encontraran quien se pusiera a escucharlos.

Almas ganosas de practicar la caridad ¿no os habíais parado a meditar en el bien que podríais hacer sólo poniendo vuestro **oído** a disposición de los desgraciados?

Pero ¡qué pena!, la experiencia me ha llevado a hacer un balance entre dolores y alegrías, cariños y odios, anhelos y temores que **contar** y oídos que se **pongan** a escuchar y he deducido que hay un gran exceso de aquéllos sobre esto.

¡Qué bien se entiende ahora la exclamación de los libros santos repetida bajo mil formas: Escúchame, Señor, escúchame: ¿a quién iré, Señor, que me escuche? y qué bien se entiende así la ocupación del Corazón de Jesús que me descubría el Evangelio: **escuchar siempre**!

Sí, sí, sabedlo bien, almas que tenéis que **contar** y no encontráis quien os escuche, sabed que en el Sagrario hay quien escuche **siempre,** a **todos** y **todo.**[12]

Siempre

¿No os acordáis? Lo mismo buscaban al Maestro a la caída de la tarde para que bendijera y curara a los enfermos, que a medianoche cuando dormía, para que aplacara los vientos y los

12. Ver San Manuel González, *Obras completas I*, nn. 416–417.

mares; lo mismo le pedían en las glorias de la transfiguración que en las ignominias de la calle de la Amargura y del Calvario . . . . Siempre, siempre escuchaba.

Y A TODOS

Lo mismo escuchaba al discípulo ingenuo que preguntaba para saber, que al fariseo taimado que le hablaba para cogerlo, lo mismo a la muchedumbre que lo cercaba, que al cieguecito mendigo del camino, lo mismo a su Madre Inmaculada, que a la mujer pecadora; escuchaba a todos.

Y TODO

La petición de la fe que hablaba sólo con el corazón en la hemorroísa y en Zaqueo y el grito de la blasfemia del Pretorio, el **hosanna** del triunfo y el falso testimonio, el llanto reprimido de los penitentes y el mal pensamiento de sus enemigos. ¡Todo, todo lo escuchaba!

Y así sigue viviendo en el Sagrario: **escuchando siempre a todos y todo.**

Con una gran diferencia entre su manera de escuchar y la que suelen tener los hombres; éstos acostumbran a escuchar **sólo** con el oído, **a lo más** con la cabeza.

El Jesús de nuestro Sagrario escucha **con su oído**, porque lo tiene para eso, y con **su cabeza** porque siempre **atiende** y **entiende**, y sobre todo con su **Corazón** . . . , ¡porque ama . . . !

Y ¡pensar que en muchos Sagrarios no hay quien le hable . . . ! ¡Qué bueno es!

¡Qué bueno es!

¡Madre Inmaculada, ángeles del Sagrario, hablad mucho al oído de vuestro Jesús en esos Sagrarios de tan doloroso silencio![13]

El Corazón de Jesús está dedicado a ocupaciones casi siempre ignoradas y casi jamás agradecidas

Ven Evangelio querido, ven Evangelio de mi Señor Jesucristo, a hablarme un poquito más de Él, a descubrirme otra ocupación suya en su Sagrario . . . . ¡Interesa tanto a mi alma sorprenderlo trabajando en aquel rinconcito de sus soledades . . . ! ¡Me acerca tanto a Él, ensancha y aviva tanto mi fe adivinarlo allí trabajando . . . ! ¡siempre . . . ! ¡por mí . . . ! El Evangelista San Juan nos dijo que otras muchas cosas hizo Jesús que no se escribieron en el Evangelio. ¡Obras

13. Ver San Manuel González, *Obras completas I*, n. 418.

ignoradas y no agradecidas por el mundo! ¡Cuántas de éstas brotarán de cada Sagrario!

Con tres hechos me responde afable a mi petición, el Evangelio.

¡Oh!, ¡qué luz tan viva irradian esos hechos evangélicos sobre el misterio del Sagrario!

El primero es la curación del paralítico de la piscina de Betsaida.

Jesús llega a él, lo ve tendido en su camilla, lee en sus ojos la gran angustia de treinta y ocho años de enfermedad y **sin preguntarle por su fe, y sin darse a conocer con él,** le manda que se levante, se eche a cuestas su camilla y salga andando . . . .

El Corazón de Jesús hace ahí un milagro en favor de quien no le conoce.

Otro hecho: Pedro corta la **oreja** del esbirro Malco que viene con cuerdas y palos a prender a quien no le había hecho daño alguno.

Jesús se inclina hasta la tierra, toma entre sus puros dedos aquella sucia oreja, se yergue y la vuelve a pegar a la cara que aún manaba sangre.

El Evangelio no dice que aquel hombre se convirtiera ante aquel milagro.

No arroja de sus manos las cuerdas para amarrar ni el palo para intimidar y pegar al que le estaba devolviendo su oreja y enjugando la sangre de su herida . . . .

El Corazón de Jesús hace ahí un milagro en favor de quien lo odia y lo seguirá odiando.

El tercero: La muchedumbre había seguido al Maestro tres días sin preocuparse de más comida ni bebida, que oír su palabra y verlo a Él.

Era ya hora de que aquellos hombres comieran.

Ni los hambrientos oyentes, sin embargo, ni los discípulos lo piden, ni exponen siquiera su hambre.

Es Él quien propone la cuestión del hambre y sus amigos no aciertan a resolverla más que con el egoísta "sálvese el que pueda" de las situaciones desesperadas.

A ninguno se le ocurre pedir un milagro de pan.

El Corazón de Jesús hace ahí un milagro en favor de quien no le pide, aunque lo conozca y lo ame . . .

Ahora, almas ávidas de Sagrario, meted la **luz** que arrojan esos tres hechos por entre las cortinillas del Sagrario vuestro y mirad hacia dentro . . . mirad, mirad.

¡Ahí está el propio Jesús del Evangelio, haciendo lo mismo que allí; **haciendo bien y hasta milagros**, cuando éstos son menester, **en favor de los que no saben que hay Sagrario, de los que odian y odiarán siempre el Sagrario, y de los que, aún conociéndolo y amándolo, no acaban de aprovecharse de Él ni de contar con Él para todo y para siempre** . . . .

Mirad bien, almas, y después de mirar, buscad por el mundo a ver si encontráis un corazón más generoso, más desinteresado, más exquisitamente fino que el Corazón aquel de vuestro Sagrario . . . .

Almas, ¿no os parece que esa ocupación tan poco conocida y agradecida del Corazón de Jesús, pide en retorno de vosotras ansias de verlo y de sorprenderlo e ingeniosidades de amor para agradecerlo?[14]

14. Ver San Manuel González, *Obras completas I*, nn, 481–483.

VII

¿QUÉ DICE EL CORAZÓN DE JESÚS EN EL SAGRARIO?

Por lo tanto, todo el que oye estas palabras mías y las pone en práctica, es como un hombre prudente que edificó su casa sobre roca. (Mt 7,24)

TODA LA ESPIRITUALIDAD Ignaciana se basa en el hecho de que Dios se comunica constantemente con nosotros a su manera misteriosa. Verdaderamente tenemos la capacidad de conocer y hacer su Voluntad precisamente porque Él está constantemente tratando de comunicárnosla. No hay mejor lugar para escuchar al Señor y conocer su Voluntad para con nosotros que ante el Santísimo Sacramento. El corazón que verdaderamente busca escuchar la voz de Cristo pronto llegará a comprender que Él tiene maneras de comunicarse con nosotros en la adoración. San Manuel estaba completamente guiado y regido por esta comunicación mística:

¡Dice tanto y tan bueno!

Será el Evangelio el Mago prodigioso que nos haga oír ruidos de palabras en donde el resto de las gentes no oye nada. ¡Oh, palabra divina del Jesús de mi Sagrario, toca a mi oído, entra en mi alma y quédate allí resonando con eco inextinguible!

Callad, lengua mía, sentidos míos y potencias mías; callad, pasiones de mi alma y nervios de mi cuerpo, callad recuerdos del pasado y ambiciones tumultuosas de lo porvenir; callad, que voy a mi Sagrario a escuchar **la voz dulce** que no habla más que a las almas en silencio . . . .

Marías, ¿os enteráis? En el Sagrario, hay tiempo de hablar y tiempo de callar. Hablad cuanto queráis; pero después callad cuanto podáis; en silencio exterior e interior esperad; ya recibiréis la respuesta . . . ya oiréis . . . .[1]

Simón, tengo que decirte una cosa

Tengo que decirte una cosa . . . (*Lc* 7,40)

Importa mucho, María, que fijes en tu cabeza y más en tu corazón este anuncio: **el Corazón**

1. Ver San Manuel González, *Obras completas I*, n. 493.

de Jesús en el Sagrario tiene siempre algo que decirte

Como a Simón, el fariseo desatento que lo convidó a comer te dice a ti: "Tengo algo que decirte".

Y antes de que le respondas, como aquél, "Maestro, di", quiero y te ruego que te detengas un poco a saborear esas palabras. ¡Dicen tanto al que las medita, que ellas solas calmarían más de una tempestad y disiparían más de una tristeza! . . .

Fíjate en el afectuoso interés que revela tener Él ¿sabes bien quién es Él? que decirte **algo** a ti, a ti. ¿Te conoces un poquito?

¡Él a ti! ¿Puedes medir toda la distancia que hay entre esos dos puntos? ¿No? Pues tampoco podrás apreciar cumplidamente todo el valor de ese interés que tiene Él en hablarte a ti. ¡Él a ti!

Una comparación te dará idea aproximada de lo que significa ese interés.

Respóndeme: ¿Hay mucha gente en el mundo que tenga interés en decirte algo? ¡Claro! Como es tan reducido el número de los que te conocen en comparación con los que no te conocen, puedes afirmar que la casi totalidad de los hombres no tienen nada que decirte. Y entre los que te conocen ¿sabes si son muchos los que tienen algo que decirte?

La experiencia sin duda te habrá enseñado que de los que te conocen quizás no sean pocos los que digan **de ti** ¡se habla tanto de los demás!, pero a ti, fuera de los mendigos y necesitados, ¿verdad que son muy pocos los que tienen que decirte algo que te interese, sólo para ti, que te haga bien?

¡Verdaderamente despertamos tan escaso interés en el mundo![2]

¿Qué interés despierto yo?

Nosotros tan insignificantes, pese a nuestro orgullo, en el mundo y ante los hombres, nosotros, para quienes ni los reyes, ni los sabios, ni los ricos, ni los poderosos, ni aun casi nadie en el mundo tienen ni una palabra, ni un gesto de interés, sabemos ¡bendito Evangelio que nos lo ha revelado! que el Rey más sabio, rico, poderoso y alto nos espera a cualquier hora del día y de la noche en su Alcázar del Sagrario, para decirnos a cada uno con un interés revelador de un cariño infinito, la palabra que en aquella

2. Ver San Manuel González, *Obras completas I*, nn. 494–495

hora nos hace falta. Y ¡que todavía haya aburridos, tristes, desesperados, despechados, desorientados por el mundo! ¿Qué hacen que no vuelan al Sagrario a recoger **su palabra**, la palabra que para esa hora suprema de aflicción y tinieblas les tiene reservada el Maestro bueno que allí mora?

Y ¡tiene tanto valor esa Palabra! ¿No has visto cómo se calma el ansia del enfermo dudoso de la gravedad de su mal al oír al médico la palabra tranquilizadora y anunciadora de pronta mejoría? ¡Y la **palabra** del médico **no cura**! ¡La Palabra del Sagrario sí!

María del Sagrario, alma creyente, lee en buena hora libros que te ilustren y alienten, busca predicadores y consejeros que con su palabra te iluminen y preparen el camino de tu santificación; pero más que la palabra del libro y del hombre, busca, busca la palabra que para ti, ¿lo oyes? para ti solo tiene guardada en su Corazón para cada circunstancia de tu vida el Jesús de tu Sagrario.

Ve allí muchas veces para que te dé tu **ración**, que unas veces será una palabra de la Sagrada Escritura o de los santos que tú conocías, pero con un relieve y un sentido nuevos, otras veces será un soplo, un impulso, una dirección, una firmeza, una rectificación, no tienes más que pronunciar con el alma estas dos palabras:

"Maestro, di . . .".

Y sumergida en un gran silencio, no sólo de ruidos exteriores, sino de tus potencias, sentidos y pasiones, espera la respuesta suya.

Que te la dará, no lo dudes, ¡es más fino . . . ![3]

Levántate

Levántate, toma tu camilla y vete a tu casa. (*Mt* 9,6)

He registrado el Evangelio y he visto que no es sólo un libro de **contemplación**, sino también un programa de **acción** y ¡qué completo, qué arriesgado y a la par qué indulgente con nuestra flaqueza!

Corazón de mi Jesús Sacramentado, aquí tienes de rodillas ante tu Sagrario un **aprendiz**: ¡enséñale a hacer según tu programa!

¡Levántate!

Es la primera lección.

3. Ver San Manuel González, *Obras completas I*, nn. 496–497

¡Con qué relieve aparece ante mis ojos ésa que después de todo es una verdad de sentido común!: que para andar aunque sea un solo paso es menester **levantarse.** ¡Cómo despierta en mi alma ese **levántate** del Maestro tempestades de recuerdos y de remordimientos! . . .

El "**levántate**" que hacía andar a los paralíticos, despertaba a los dormidos y echaba fuera de sus tumbas a los muertos ¿qué ha conseguido de mí? Porque es cierto que a mi oído ha llegado más de una vez en los buenos ratos que siguen a una fervorosa Comunión o acompañan a una visita al Sagrario, el "levántate" de aquellos milagros y también es cierto que después he seguido cojeando con una vida de frecuentes caídas y recaídas, o me he vuelto a dormir en el sueño de la tibieza o ¡qué pena! me he vuelto a morir y me han llevado otra vez a la tumba . . . .

¡Qué diferencia, tan deshonrosa para nosotros, entre los curados del Evangelio y los curados del Sagrario! Allí, al "**levántate**" de tu misericordia y de tu poder dicho una sola vez, respondían los hombres con el salto de su curación radical y de su vida nueva; aquí, al "**levántate**" de tu amor paciente repetido tantas veces cuantas horas tiene el día y cuantos hijos tienes en cada Sagrario, respondemos unas veces con el bostezo del perezoso, otras con el encogimiento de hombros del indiferente, cuando no con nuevas ofensas e ingratitudes.[4]

Sin levantarse no se anda

Y sin embargo, **sin levantarnos**, nada podemos hacer ni en la obra de Dios, que es su gloria, ni en la obra del prójimo y nuestra, que es la santificación.

A la luz de esta consideración tan rudimentaria, he visto la causa de la infecundidad de no pocas acciones y empresas dirigidas al parecer por espíritu cristiano y para fines cristianos.

El secreto de esa infecundidad está en que los que así obran son gentes que se empeñan en realizar ese contrasentido.

Andar y hacer andar sin levantarse ellos del pecado o de la tibieza . . . .[5]

---

4. Ver San Manuel González, *Obras completas I*, nn. 498–499.
5. Ver San Manuel González, *Obras completas I*, n. 500.

Anda

¿Qué es más fácil, decir: "Tus pecados te son perdonados", o decir: "Levántate, y anda"? (*Mt* 9,5)

¡Cuántas, cuántas veces te he oído esa palabra en tu Evangelio; cuántas veces la debes repetir en tu Sagrario!

Ese "anda" era casi la única condición que ponías al agradecimiento de los beneficiados por tus milagros.

Es para hacerme pensar y meditar muy despacio que al paralítico a quien das movimiento, al ciego y al leproso a quienes devuelves la salud, al muerto a quien das vida, o a la pecadora a quien otorgas el más generoso de los perdones, al apóstol a quien entregas el universo para convertirlo, a todo el que pasa junto a Ti sacándote virtud, le impones siempre este mandato: "anda . . .".

¡Cuánto dice esa palabra pronunciada en los momentos solemnes que seguían a aquellas curaciones y operaciones estupendas![6]

El "anda" de las madres

¿Os habéis fijado en lo que hacen las madres, sobre todo las madres pobres cristianas, con

6. Ver San Manuel González, *Obras completas I*, n. 501.

sus hijos pequeños antes de mandarlos a la escuela?

Han rezado con ellos las oraciones de la mañana, los han lavado y peinado, han sustituido la ropita sucia o rota del día anterior con otra limpia y remendada y después de darles el frugal desayuno y de prepararles la meriendita en el canastillo que cuelgan del brazo del pequeño escolar, estampan un beso sonoro en su frente, y . . . "Anda, hijo mío" les dicen, mientras los ven partir bañados en las oleadas de una mirada toda satisfacción y todo cariño.[7]

El "anda" del Evangelio

Se parece mucho a este otro "anda" de las madres a sus hijos . . . .

No es la palabra de la despedida para siempre, no es la repulsa del que fastidia, no, no es eso, es la palabra del Amor que ha terminado su obra y espera la correspondencia, es la palabra de la complacencia no en el bien realizado sino en la felicidad del que lo ha recibido, es el deber sobreponiéndose al gusto, es el amor haciéndose principio y móvil de la actividad, es **Jesús**

7. Ver San Manuel González, *Obras completas I*, n. 502.

Madre despertando, aseando, curando, vistiendo, engalanando, alimentando y besando a sus hijos para que éstos vayan cada día con nuevo gusto al surco que les toca abrir . . . a la siembra que les toca hacer . . . a la cosecha que les toca recoger . . . .

Almas de fe, Marías, discípulos de San Juan, que por misericordia de Él **estáis de pie** y sentís en el alma las santas impaciencias del celo que **quiere andar** o los penosos decaimientos de la flaqueza humana que **no quiere seguir andando,** tomad este consejo que os da quien conoce un poquito a Él y os quiere mucho a vosotros:

No echéis a andar por ningún camino ni dejéis de andar por el que hayáis comenzado mientras en vuestra Comunión de la mañana no oigáis el **anda** del **Jesús Madre** que recibís. Es decir, que el Sagrario sea el **punto de partida** y el **punto de llegada** de toda actividad.

Ya veréis qué bien se andan los caminos más escabrosos cuando, al pisarlos y aun al herirnos, podemos saborear allá dentro el **anda** del Jesús de la Comunión de aquella mañana . . . .[8]

8. Ver San Manuel González, *Obras completas I*, n. 503.

Sígueme

Le dijo: "Sígueme". Él se levantó y le siguió. (*Mt* 9,9)

Muchas veces ha dicho Jesús en el Evangelio las palabras "Levántate" y "Anda", pero ésta, "Sígueme" muy pocas la dijo.

¿Por qué?

Quizás estará la explicación en que es la **palabra de la intimidad.**

Os invito, almas que aspiráis a esa dulce y misteriosa intimidad, a que saboreéis esa palabra.

Lo que significa

Ese "Sígueme" dicho a un alma por Jesús, que sabe, puede y quiere cuanto dice, equivale a esto otro: alma, conozco tan bien tu pasado, tu presente y tu porvenir, me fío tanto de tu cariño, me encuentro tan a gusto junto a ti, te necesito tanto para mi gloria y me necesitas tanto para tu dicha, que no quiero vivir sin ti, ni me atrevo a decirte el "Anda" hasta luego, sino que quiero que estés conmigo todos los instantes del día y de la noche.

Por eso esa palabra la solía decir el Maestro después de bañar con una mirada suya tan tierna como penetrante, a los que escogía para el dulcísimo oficio de **amigos íntimos** suyos.

Por eso solía anteponer a ella el "si quieres ser perfecto" para dar a entender todo lo que obligaba.[9]

Su historia

Sí, es una **palabra de historia** y ¡qué historia!

En el Evangelio es la palabra que creó a los apóstoles, y a las Marías, los más íntimos amigos de Jesús, y en el **Sagrario** desde donde la sigue diciendo, es la palabra creadora de las grandes abnegaciones y de las heroicas renuncias del mundo y de sí mismo. Ese "sígueme" dicho muy quedo por el Jesús de la Comunión que ha cerrado unos Ejercicios espirituales ¡qué transformaciones tan radicales, qué victorias tan señaladas, qué inmolaciones tan dolorosas ha operado en las almas que han tenido la dicha de oírlo![10]

Marías, Marías ¡qué dicha la vuestra!

En vuestros momentos de duda, de tentación, de vacilaciones, de cobardía, de lucha entre el deber y la pasión, de cansancio, de desaliento,

---

9. Ver San Manuel González, *Obras completas I*, n. 504.
10. Ver San Manuel González, *Obras completas I*, n. 505.

acordaos de aquella boca que os dijo: "Sígueme" y de aquellos ojos que entretanto os bañaban con su mirada tierna y penetrante . . . .

Fijaos que, en esa palabra, como está sin tasar la predilección que revela, está sin señalar el tiempo que os obliga . . . .

"Sígueme" se os ha dicho, ahora y después, hoy y mañana, en la tierra y en el cielo . . . .

"Sígueme siempre".[11]

Descansad un poco

Y les dice: "Venid vosotros solos a un lugar apartado, y descansad un poco". (*Mc 6,31*)

No siempre es movimiento lo que manda el Corazón de Jesús.

El mismo que dice "levántate", "anda", y

"sígueme" es el que ordena a los suyos: "descansad un poco".

¡Qué interesantes enseñanzas ofrecen estos "Descansad" del Evangelio y las ocasiones en que se mandaban!

Unas veces se da esa orden después de un día de muchos milagros; otras, después de grandes

11. Ver San Manuel González, *Obras completas I*, n. 507.

ovaciones y exaltaciones, ora a continuación de cansancios y ahogos apostólicos, ora en presencia de persecuciones dolorosas.

¿Qué significa eso?

¿Qué enseña ese acudir al descanso antes y después de los grandes triunfos de su misericordia sobre nuestra miseria, de su poder sobre nuestras ingratitudes?

¿Tan misteriosa virtud encierra ese descanso?[12]

El misterio del descanso

Ese "descansad un poco" no es el dormir sin cuidado de los discípulos de Getsemaní, ni es tampoco el volver la cara atrás mientras se lleva la mano puesta sobre el arado, de los inconstantes, ni el enterrar el único talento para no tener que explotarlo, de los desconfiados; nada de eso. El "descansad un poco" que precede o sigue a las grandes acciones evangélicas es un **laborioso descansar**, es un dejar quietos los ojos, los oídos, los pies y las manos para reconcentrar la actividad que se quita al cuerpo en el alma y ésta vea, oiga y se entregue más enteramente a su Dios.

12. Ver San Manuel González, *Obras completas I*, n. 508.

¡Ah!, y ¡qué bien se ve a Dios con los ojos cerrados, sin ver caras ni de amigos ni de enemigos, sin ver bellezas de tierra que distraen ni fealdades de acciones que inquietan! y ¡qué bien se oye a Dios con los oídos tapados para no dejar pasar al alma ruidos ni de alabanzas, ni de halagos, ni de perfidias! y ¡qué bien se siente a Dios en el alma cuando con voluntad firme y entendimiento dócil se dice a sentimientos e ideas, a afectos y a recuerdos, a ilusiones y a sueños: ¡atrás, que ahora está el alma con Dios!

Y, ¡viene tan bien ver, oír y sentir a Dios en el alma con frecuencia!

Y nota que digo a **Dios en el alma**; porque aquellos apóstoles a quienes se ordenaba descansar, tenían la dicha de ver a Dios, que era Jesús, en cuanto hacían, veían y oían; pero era preciso verlo y oírlo y sentirlo a Él solo, sin turbas de agradecidos, sin ejércitos de dolientes, sin grupos de perseguidores, a Él solo en la soledad del alma; ése es el **descansad un poco** del Evangelio.

Y ése es el **descansad un poco** del Sagrario, Marías y almas que por buscarle compañía de amor os afanáis.

Bien está que paséis los días andando caminos, saltando montes, atravesando ríos, visitando pueblos y llamando de puerta en puerta en busca de almas para vuestros Sagrarios; bien está que quitéis a vuestras noches de sueño horas y horas para alargar vuestros días de labor; bien está, pero **descansad un poco** ante vuestro Sagrario antes de empezar vuestro día y después de darle remate.

¡Al Sagrario! Cerrados los ojos y los oídos y la memoria y la imaginación y el pensamiento para todo lo de **fuera** ¡a estar con Dios solo!

¡Ya lo sentiréis llegar! . . . y si permanecéis quietecitas allí, ya lo oiréis hablar, y si no quiere hablar ya veréis después cuando volváis al trabajo cómo **os hizo u os dejó algo.**

Por lo menos esos ratos de descanso ante el Sagrario os servirán para que apreciéis clara y distintamente la **parte de Dios** y la **parte vuestra** en vuestro trabajo pendiente, en el afecto dominante, en la idea que halagáis, en el celo, en la virtud, que al parecer os adorna . . . .

Agitad con violencia el aceite y el agua contenidos en un vaso y desaparecerán ante vuestra vista uno y otra. Dejadlos en reposo y veréis cómo poco a poco el agua se precipita al fondo y el aceite vuelve a flotar en la superficie enteramente desprendido del agua.

¿Comprendéis el símil?

¿Comprendéis por qué el Maestro invitaba tantas veces al reposo a sus cooperadores?

¡Es tan fácil que la agitación del trabajo cotidiano y aun del ministerio apostólico nos quite la vista de lo que pone Dios y ponemos nosotros en ellos y nos induzca a confusiones y a equivocaciones lamentables!

¡Descansad un poco! Y veréis cómo el reposo precipita al fondo de vuestra conciencia las miserias y torpezas de la parte del hombre y hace flotar las maravillas de misericordia y gracia de la parte de Dios . . . . Y ¿os parece poco ir sabiendo en cada obra que hacemos, en cada beneficio o persecución que recibimos la parte de Dios para agradecerla y secundarla y la parte nuestra para corregirla, si es defectuosa, reforzarla, si es débil, anularla, si es perjudicial, o guardarla perseverante, si es buena?[13]

¡No os canséis de descansar!

Vuelvo a deciros, ¡a descansar un poco todos los días en el Sagrario!, ¡a estar a solas con Dios!

Marías, Juanes, trabajad con vuestros pies, con vuestras manos, con vuestra boca,

13. Ver San Manuel González, *Obras completas I*, nn. 509–512.

con vuestra cabeza, con todo vuestro corazón . . . pero ¡por Dios!, que no olvidéis el **trabajar de rodillas** . . . , esto es, **descansad un poco** . . . .[14]

Un poquito . . .

"Dentro de un poco ya no me veréis, y dentro de otro poco me volveréis a ver". Sus discípulos se decían unos a otros: "¿Qué es esto que nos dice: 'Dentro de un poco no me veréis y dentro de otro poco me volveréis a ver', y que 'voy al Padre'"? Y decían: "¿Qué es esto que dice: 'Dentro de un poco'? No sabemos a qué se refiere." Jesús conoció que se lo querían preguntar y les dijo: "Intentáis averiguar entre vosotros lo que he dicho: 'Dentro de un poco no me veréis, y dentro de otro poco me volveréis a ver'". (Jn 16,16–19)

Ángeles del Sagrario, confidentes perpetuos de las intimidades del Corazón de Jesús en el Sagrario, venid en auxilio de nuestra flaqueza de pensamiento y de corazón y reveladnos el alcance de esa palabra que parece que se ha escrito para alivio y levantamiento de flacos y descaecidos.

---

14. Ver San Manuel González, *Obras completas I*, n. 513.

¡Un poquito . . . !

Es la palabra buscada por el Maestro para suavizar una gran pena de sus amigos, la pena de su partida, es el cabo que echó a la esperanza de sus discípulos desolados por la separación, es la fórmula del abrazo de la justicia y de la misericordia, de la justicia que da el golpe, porque es necesario y provechoso darlo, y de la misericordia que lo aligera, lo abrevia, lo suaviza . . . .[15]

¿No recordáis aquella escena?

Era el jueves, la noche de la Cena última; Jesús hace su testamento. Tiene que partir de este mundo a su Padre, tiene que **quitarse de la vista** y no digo **quitarse de en medio** de sus discípulos porque entre ellos quedaba Sacramentado, y, al anunciarles la gran pena de que ya en esta vida sus ojos de carne no cruzarían su mirada con los suyos, ni sus oídos se recrearían con su dulce palabra, ni sus cabezas cansadas podrían recostarse sobre su pecho amigo, ni sus labios besar sus manos, ni sus brazos estrechar sus rodillas, y que ojos y oídos, bocas y manos tendrían que

15. Ver San Manuel González, *Obras completas I*, n. 514.

satisfacerse sólo con la Fe del alma, se apresura a echar sobre esa pena, que tenía que ser muy grande para hombres que no son sólo alma, sino cuerpo y alma unidos, esta gota de suavísimo y confortador bálsamo: "**Un poquito** y ya no me veréis, y otro **poquito** y me veréis, porque voy al Padre".[16]

El "poquito" de las madres

¡Cuánto me quiere decir ese **poquito**! ¡Qué tesoros de condescendencia con mi flaqueza! ¡Qué conocimiento de mi inconstancia! ¡Qué remedio tan de madre!

Ese poquito ¡recuerda cosas tan gratas!

¿No es verdad que recuerda a las madres escondidas **un poquito** de la vista de sus pequeñuelos para ver si andan ya solos, y también complacerse en saber que las echan de menos?

¿No recuerda también ese **poquito** a las madres haciendo pasar medicinas amargas a sus hijos enfermos? "¡Un poquito no más, hijo mío, y te pones bueno!", les dicen a cada sorbo. Y en verdad que el poquito aquel los pone buenos.[17]

---

16. Ver San Manuel González, *Obras completas I*, n. 515.
17. Ver San Manuel González, *Obras completas I*, n. 516.

El "poquito" del Corazón de Jesús

Ese **poquito** dicho dos veces por Jesús ¡pone tan al descubierto su Corazón! ¡me lo hace sentir tan cerca de mí y tan humano!

"Vosotros lloraréis y os contristaréis y el mundo se gozará, pero . . ." y aquí viene la otra enseñanza que me hace saber aquella palabra, "pero confiad, esto no será más que por un **poquito** de tiempo, vuestras lágrimas y tristezas se trocarán en gozo que nadie os podrá quitar . . . porque voy a mi Padre y vosotros vendréis conmigo . . .".

¿Veis ahora la semejanza entre el poquito de las medicinas amargas de las madres y el **poquito** de la amarga separación del Corazón de Jesús? Pudo dar remedios de Dios, de Rey, de Señor, pero prefirió darlos de **madre** . . . .

"Hijo mío, un poquito no más", dicen aquéllas, "y te pondrás bueno; hijos míos", dice el Corazón de Jesús, "un **poquito** no más, de cruz sin verme a mí, un **poquito** de llorar, de gemir, de andar fatigosos y de ser probados en la tierra y después una eternidad de dicha a mi lado en el cielo . . .".

Y dice el Evangelio que los apóstoles no entendieron entonces lo que el Maestro quería decirles con aquellos dos **poquitos** de que les hablaba y fue preciso que Él bondadosamente se los explicara.

Hermanos y hermanas míos que vais regando vuestro camino con las lágrimas de vuestros ojos y quizás con la sangre de vuestro corazón, recibid mi consejo; si las lágrimas han enturbiado vuestros ojos y el constante penar ha puesto desfallecimientos en vuestra esperanza, acercaos al Sagrario, poneos muy cerquita, que muy quedo, muy quedo, vais a oír de nuevo de labios del Maestro que allí vive la palabra reanimadora: **"Hijo un poquito no más y . . . me verás . . ."**.

Ángeles del Sagrario, confidentes perpetuos de las intimidades del Corazón de Jesús; llevad muchos, muchos corazones atribulados y acobardados allí, y haced que **oigan y comprendan** el **poquito** de sus penas, de sus luchas, de sus tentaciones, de sus persecuciones, de su valle de lágrimas y el eternamente consolador "**Voy** a mi Padre y vosotros vendréis conmigo . . .".[18]

---

18. Ver San Manuel González, *Obras completas I*, nn. 517–518.

No temáis, soy Yo

Ellos, cuando lo vieron andando sobre el mar, pensaron que era un fantasma y empezaron a gritar. Pues todos le habían visto y se habían asustado. Pero al instante él habló con ellos, y les dijo: "Tened confianza, soy yo, no tengáis miedo". (*Mc* 6,49–50)

Vuelvo a vosotras, almas doloridas, a daros nuevos alientos, a traeros nuevos aires del Sagrario.

¡Es tan humano el miedo!

¡Nos visita con tanta frecuencia el dolor y nos acostumbramos tan poco a su visita!

Pudiera decirse que nuestro corazón anda siempre entre el dolor del mal que se va y el miedo del mal que viene.

Es el Evangelio, el feliz descubridor de los secretos del Corazón de Jesús, el que va a darte, pobre corazoncillo obligado a andar ese triste camino, una nueva lección de valor, digo más, de alegría en el padecer.

El porqué de nuestros miedos

¿Sabes a qué atribuye el Evangelio muchos de tus miedos y de tus angustias?

A tu **falta de vista y de oído.**

No te extrañes de esta aparente incoherencia entre los males del corazón y los de la vista y oído.

Créeme. El sufrir es irremediable, somos hijos del pecado y el dolor es su necesario e imprescindible redentor; pero el turbarse en el sufrir, el vivir muriendo por el miedo a sufrir, el sentirse desgraciado porque se sufre, en una palabra, el tenerse por esclavo del dolor y no como su señor, eso es y debe ser remediable para un cristiano.[19]

El remedio del miedo

¿Cómo?

Como te decía antes, abriendo los ojos y los oídos para ver y oír.

¿A quién?

Hojea el Evangelio y verás qué escena de grandes sufrimientos **por no querer ver ni oír** a Jesucristo.

Era la noche que había seguido al gran día de la multiplicación de los panes y de los peces; el Maestro se había quedado solo en la tierra buscando su descanso en la oración; sus discípulos dedicaron la noche a la pesca, sabían

19. Ver San Manuel González, *Obras completas I*, n. 519.

muy bien que las multiplicaciones milagrosas de Aquél no les eximían de trabajar y trabajar rudamente como en aquella ocasión en que el viento les era contrario; por la madrugada, a eso de las tres, Jesús, andando sobre las aguas se llega hasta ellos quedándose fuera de la barca.

Sus discípulos se alarman, se asustan y gritan tomándolo por un fantasma.

El buen Maestro sobre las aguas, les habla y les dice:

"Confiad, soy Yo, no temáis".

A pesar de esas palabras tan reanimantes y tan características de Él, siguen encogidos por el miedo y no se atreven a responderle.

Jesús lleva más adelante su condescendencia. Entra en la barca y manda enmudecer al viento, que obedece.

El estupor de los discípulos sube de punto.

Y así callados y encogidos ellos por el miedo y pesaroso Él de la desconfianza de los suyos, pasaron la madrugada en el mar hasta llegar al ser de día a las orillas de Genesaret, en donde desembarcaron.

Y entonces, dice el Sto. Evangelio, lo **conocieron** . . . .

Estudiad esa escena y veréis en ella retratadas muchas escenas de nuestra vida.

En aquélla había una contrariedad verdadera, real, la del viento tempestuoso que dificultaba la pesca y ponía en peligro las vidas de los pescadores.

Y de esa contrariedad ni se quejan ni se preocupan.[20]

El miedo al fantasma

En cambio, lo que les preocupa y acobarda y pone fuera de sí hasta dar gritos es el **fantasma** y la voz del **fantasma** y el **poder** del **fantasma** que anda por las aguas sin sumergirse y que serena los vientos . . . .

¡Pobre limitación humana!

¡Pobre fe que tan pronto olvidas o que tan poco penetras!

Unas horas no más, hacía que habías visto a Jesús hacer el milagro de multiplicar panes y peces, mucho tiempo que lo venías oyendo y sabías además que quería tanto a sus discípulos que su Corazón no le dejaba pasar una noche entera sin tenerlos a su lado, debías ya conocer

20. Ver San Manuel González, *Obras completas I*, n. 520.

sus trazas de acudir al auxilio de los suyos hasta con milagros cuando era menester y . . . ¡te pones a gritar delante de Él, y a taparte la cara con las manos para defenderte del **fantasma**!

¿Cómo explicar ese misterio, o mejor, esa aberración?

El Evangelista apunta con pena que el corazón de aquellos hombres estaba **obcecado.**

Corazón que te extrañas y hasta te indignas ante esa cerrazón de vista y oído de los discípulos acobardados, espera, detén tu extrañeza y tu indignación y aplícalas a ti mismo.[21]

El miedo a Jesús

¡Se te ha presentado tantas veces en medio de la noche de tus labores y padeceres el Médico divino para curártelos y lo has tomado como fantasma, obstinándote en no dejarlo ejercer su caritativo oficio . . . !

¡Te ha dicho tantas veces Él: **"Confía, soy Yo"** . . . queriendo serenar las tempestades de tu espíritu y tú le has respondido con gritos de protestas y de miedo! . . .

¿No has hecho eso cuando te ha visitado en forma de dolor o de contrariedad?

21. Ver San Manuel González, *Obras completas I*, n. 521.

¿Y no te parece que es tener a Jesucristo por un fantasma, creerlo tan cerquita de nosotros en el Sagrario y dejarnos devorar y consumir por nuestras penillas, como si éstas fueran más fuertes y poderosas que Él?

¿No te parece obcecación funestísima del corazón saber que con sólo aplicar un poquito el oído al Sagrario y quedarse allí en **paz y silencio** un ratito se oye el "Confía, soy Yo, no temas" y dejarse envolver y ahogar por las olas de la tribulación?

Almas obligadas a surcar los mares del dolor, no imitéis a los discípulos que necesitan la luz del día para conocer al Maestro, imitad a los que, buscándolo con **humildad, limpieza y paz del corazón** en el Sagrario, acaban por **verlo y oírlo de día** y de **noche**, y en todas partes . . . .

Madre Inmaculada, ten mis ojos y mis oídos abiertos para que cuando tu Jesús me visite, sea con vestiduras moradas de Pasión, sea con vestiduras blancas de Transfiguración, mi alma lo vea, lo oiga y se dé **cuenta de que es Él** . . . .[22]

---

22. Ver San Manuel González, *Obras completas I*, nn. 522–523.

¿Quién decís que soy Yo?

Él les dijo: "Y vosotros, ¿quién decís que soy Yo?"
(Mt 16,15)

Él

Y vosotros, ¿quién decís que soy Yo?

Hace veinte siglos que tus labios, Maestro santo, se abrieron para dar paso a esa pregunta y durante esos veinte siglos no ha alumbrado el sol ningún día en que no hayas repetido tu pregunta.

¿Quién decís que soy? Sacerdotes que servís a mi altar, cristianos los que me coméis en Comunión, y los que nunca pasáis por delante de mis Sagrarios . . . ¿quién soy?, ¿quién soy?

Y ¿por qué tanto preguntar lo mismo, Señor?

Y ¿por qué precisamente a los que mejor deben saberlo?

¿No te vienen respondiendo los hombres llamándote **Padre nuestro, Cristo Hijo de Dios vivo, Salvador del mundo, Maestro de toda verdad, Corazón santo, Dios con nosotros, Santísimo Sacramento, Buena Gracia o Eucaristía?** . . .

¿No te responden cada día los coros de las catedrales y de los monasterios y las bocas de tus Sacerdotes y Vírgenes con las alabanzas y confesiones de sus Misas y de sus Oficios?

¿Por qué a pesar de esas respuestas sigues preguntando?

¡Ah!, no me lo digas, que ya mi corazón lo adivina y lo siente.

Es nuestro comportamiento contigo la causa de tu insistencia.

Es la discrepancia, que diría infinita, entre la respuesta de nuestros labios y la de nuestras obras la que te hace ¡qué vergüenza para nosotros! **no creernos, ni fiarte** de nuestra palabra.

Porque si te decimos Padre ¿por qué no quererte como hijos? Si te decimos Hijo de Dios vivo, ¿por qué no adorarte sobre todo y por qué tratarte como muerto? Si te proclamamos Salvador y Maestro del mundo, ¿por qué buscar nuestro bien y nuestra verdad fuera de Ti? Si Corazón Santo ¿por qué no te rendimos el nuestro pecador? Si Dios con nosotros y Eucaristía ¿por qué abandonamos el Sagrario y dejamos a Dios con las telarañas y los ratones?

¡Qué razón tienes, Señor, para no dejar de preguntar: pero por fin ¿quién decís que soy Yo?![23]

Nosotros

El Evangelio dice que **la primera vez** que se hizo esa pregunta fue respondida con gallarda y bellísima confesión: **"Tú eres el Cristo, el Hijo de Dios vivo"** (Mt 16,16), pero que la **segunda vez** que se volvió a hacer obtuvo esta otra tan triste como injusta y falsa: **"No conozco a ese hombre"** (Mt 26,72).

Y cuenta que fueron los **mismos labios** los que dieron las dos respuestas.

Y ese **"Yo no conozco a ese hombre"** ¡ha tenido tanto eco! ¡Se ha dicho y se dice tantas veces por los **cristianos de boca y paganos de obras y de corazón**!

¡Son tantos los Discípulos en los que no se conoce nada del Maestro y que dan muestras de no conocerlo!

De verdad, Jesús querido, que tienes motivo para seguir, como en el Evangelio, **no fiándote de nosotros** (ver Jn 7,5) y que todavía tiene

23. Ver San Manuel González, *Obras completas I*, nn. 524–525.

que seguir siendo cierta, en una proporción que asombra, la queja de tu Evangelio: ¡Ni aun tus discípulos creen en Ti!

¡Dios mío, Dios mío! ¿que a los veinte siglos de Sagrario **no se te conozca ni se te crea?**[24]

¿PODÉIS?

Jesús respondió: "No sabéis lo que pedís. ¿Podéis beber el cáliz que yo he de beber?". "Podemos" le dijeron. (Mt 20,22)

La adoración Eucarística consiste esencialmente en un diálogo de amor entre el alma y Jesús. El alma adorante habla de su gratitud, de su alabanza, de su arrepentimiento, de sus necesidades y las del mundo. Luego se queda en silencio esperando la respuesta amorosa del Maestro. Si no siempre responde con palabras comunicadas a la mente, siempre responde con amor comunicado al corazón. Incluso las llamadas a la conversión que dirige a sus hijos son todos dones que brotan de su amor infinito. Cuanto más aprende el alma a hablar el lenguaje del amor a Cristo, más receptiva se vuelve

24. Ver San Manuel González, *Obras completas I*, n. 526.

a sus comunicaciones de amor. Si la oración comienza en la mente, siempre debe terminar en el corazón. San Manuel nos ha mostrado el tipo de palabras que dirige al Señor Eucarístico en adoración, y ahora trata de poner palabras en labios del mismo Rey del Amor:

Lo que Él ve

Desde el Sagrario de mis abandonos veo pasar todos los días junto a mis Iglesias a tantos y tantos hijos . . . . No me miran, pero yo sí los miro y los sigo con mi mirada a todas partes, por si alguna vez se les ocurre mirar, que se encuentren con mi mirada . . . .

¡Pobrecillos! Veo en sus caras retratada la fatiga de un peso grande, largo, abrumador; aun en las caras de los que pasan riendo adivino la misma fatiga.

¡Claro! ¡Les pesa tanto la cruz! La enfermedad incurable, la escasez de recursos, el agobio de las deudas, los padecimientos de los seres queridos, las torturas de la maledicencia y de la calumnia, las comezones de la ambición, las fiebres de las pasiones, los remordimientos de los pecados, los mil contratiempos de la vida humana . . . . ¡Pobrecillos! ¡Cuánto peso sobre hombros tan débiles![25]

Lo que nosotros veríamos

Y me digo cuando los veo pasar tan agobiados: ¡Si me miraran! Si me miraran, ¡qué bien nos entenderíamos!

Yo recogería la angustia de sus miradas como una oración y a la oración por mi conducto el Padre celestial se ha comprometido a decir siempre que sí, y ellos ¡qué bien pagados quedarían con lo que mi mirada les daría!

¡Cuidado! Yo no les quitaría siempre la cruz que llevan.

¡Hace tanta falta la cruz a esa carne pecadora y a ese espíritu soberbio para ganar el reino mío, que es reino de purificados y humildes!

Pero sin quitarles la cruz ¡cómo se la haría llevadera, alegre, fecunda y santificadora!

¡Ah! ¡si mis hijos los fatigados, los abrumados, se decidieran a volver sus ojos hacia mi Sagrario cada mañana al tomar de nuevo sobre sus hombros la carga del día!

---

25. Ver San Manuel González, *Obras completas I*, n. 528.

¡Cómo cobrarían alientos al oír sin ruidos de palabras pero con acento que les llegaría al alma, mi pregunta del Evangelio: **¿Podéis?** . . .

Y ¡cómo fortalecidos con mi mirada y mi palabra, me responderían cada mañana: Podemos! . . .

Y ¡vaya si podrían!

Marías, Discípulos, por compasión a ellos y a Mí traed por las mañanas muchos afligidos al Sagrario a quien pueda yo preguntar:

Y hoy ¿podéis . . . ?[26]

Y LOS OTROS NUEVE ¿EN DÓNDE ESTÁN?

Ante lo cual dijo Jesús: "¿No son diez los que han quedado limpios?" Los otros nueve, ¿dónde están? (*Lc 17:17*)

Conoces esa pregunta, ¿verdad? Es la que arrancó a mi Corazón la vuelta de un solo leproso de los **diez** que milagrosamente curé.

Si te has detenido en saborear esas palabras, habrás conocido que no es una pregunta de curiosidad, que no tuve jamás ni pude tener, ni de ignorancia, que a mis ojos está todo patente, y que más que una pregunta es una queja. Y ¡qué

26. Ver San Manuel González, *Obras completas I*, nn. 529–530.

de adentro me salió! Tan de adentro como la compasión que me impulsó a limpiarlos de su horrible mal.[27]

Lo que es un milagro de Jesús

¿Tú sabes lo que son y cómo son mis milagros? ¡Los míos! ¡Los del Testamento Nuevo!

Los hombres los suelen mirar como espléndidas ostentaciones de mi poder; y eso principalmente eran mis milagros del Testamento Antiguo. Pero ahora, que Dios se ha hecho hombre para hacer a los hombres Dios, un milagro mío no es sólo poder, y ya lo necesita infinito, es también amor, y si en mis atributos cupieran el más y el menos, te diría que es más amor que poder. Un milagro mío más que explosión de volcán que arrasa, quema y asola, es estallido de beso, que abrasa y no quema, más que torrente de fuerza devastadora, es gota de lágrima que borra, ablanda y limpia; más que fulgor de rayo que deslumbra y ciega es mirada que rinde y enloquece . . . .

Para tu lenguaje, te diré que, cuando yo hago un milagro, no se me queda cansada la

27. Ver San Manuel González, *Obras completas I*, n. 531.

mano, aunque haya tenido que dar con ella de comer pan milagroso a miles de hambrientos, sino **¡el Corazón!** ¡Ese, ese es el que hace mis milagros! Ese es el que si pudiera cansarse, se quedaría cansado después de cada milagro.[28]

La amargura del milagro no agradecido

Y ahora comprenderás mejor la amargura de aquella mi pregunta y queja de los nueve curados que no volvieron.

No volver a darme gracias y estarse conmigo, era dejarme, como me cantaba el Poeta, con

el pecho del amor
muy lastimado

Como se les quedará a las madres que no pueden mirar ni besar a sus hijos, ni derramar sobre ellos una lágrima porque no vienen a verlas . . . .

Y ya te he dicho que mis milagros son esos: miradas, besos, lágrimas de infinito Amador . . . .

Mal está y me hiere mucho el que me dejen solo los hombres del mundo que apenas me conocen; ¡me deben tanto todos!

---

28. Ver San Manuel González, *Obras completas I*, nn. 532–533.

Pero ¿pasar también porque me vuelvan las espaldas hasta los mismos que acaban de recibir ¡un milagro mío!? . . .

¿Qué corazón es ése que estiláis los hombres conmigo?

Marías, Discípulos, cada Comunión que se da y cada minuto que pasa de presencia real mía en cada Sagrario son otros tantos milagros míos y ¡de los más grandes!

¿Podréis contar su número?

¡Imposible!

¡Qué pena! Tan imposible es también contar el número de espaldas que ¡cada minuto se me vuelven!

Ya no puedo preguntar como en el Evangelio: ¿y los otros nueve?

¡Ya no son nueve los que faltan! ¡Son incontables!

Y al llegar aquí, déjame que te diga una palabra de agradecimiento a ti, María; que me visitas en donde nadie me visita; que gracias a ti puedo permitirme seguir en muchos Sagrarios exhalando mi queja del Evangelio.

Cuando tú vas tengo a quien preguntar: "¿Y los otros, **en dónde están?**"

Y a esa pregunta que sin ruido de palabras te hago, tú me respondes con los desagravios de tu amor reparador y, sin que me lo digas con la boca, oigo que me dices con tus lágrimas:

¡Aquí estoy yo por ellos! . . . [29]

Si os digo la verdad . . .

¿Quién de vosotros podrá acusarme de que he pecado? Si digo la verdad, ¿por qué no me creéis? (*Jn 8,46*)

Solos aquí en el Sagrario Yo, tu Jesús, y tú, mi María, y en la intimidad de estas mis confidencias quiero depositar una queja que mi Corazón tiene con no pocos de los que me sirven y andan conmigo.

El Evangelio poco tenido en cuenta

¡Hacen tan poco caso de mi Evangelio!

Lo leen, es verdad, lo creen, algunos hasta lo meditan, pero . . . te repito, ¡hacen tan poco caso de lo que leen, creen y meditan!

Unas veces salen con que aquello que digo o hago allí es sólo para que se lo apliquen los pecadores empedernidos o las almas de elección;

29. Ver San Manuel González, *Obras completas I*, 533–534.

otras, con que aquello es bueno y hacedero de vía **extraordinaria** pero no **ordinaria**, ora que aquellos hombres y aquellos tiempos eran otros hombres y otros tiempos, ora me ponen tan lejos en tiempo y en distancia, que lo cierto es que, porque unos no se tienen por tan malos o tan buenos, porque otros no se crean llamados a vías extraordinarias y porque casi ninguno vive persuadido de que **sigo viviendo y siendo** el **mismo** en el Sagrario, mi Evangelio no acaba de entrar en la vida y en la piedad de muchos hijos míos.

¿Te extraña esta mi queja? ¿No habías parado mientes en esa **falta de Evangelio** no ya de los impíos, como es natural, ni aun de los cristianos indiferentes, sino de las almas piadosas?

Pues tan justa es mi queja como cierto el motivo que la produce.[30]

Lo conocido que debiera ser

Después de la **claridad** con que hablé en mi Evangelio, de la **paciencia** con que respondía una y muchas veces a las dudas de buena fe de mis discípulos y hasta a las de mala fe de mis

30. Ver San Manuel González, *Obras completas I*, n. 535.

enemigos, de la **publicidad** que di a mi vida y a mis milagros y a mis predicaciones . . . después de haber enviado al Espíritu Santo, para que **enterara** del todo a los que me habían oído . . . después de constituir mi Iglesia infalible e indefectible para que estuviera repitiendo siglos tras siglos mi palabra al mundo, después de haber creado Obispos y Sacerdotes sin número que fueran Evangelios con pies, después de haberme quedado Yo mismo en el Sagrario de cada templo de la tierra todos los días y todas las noches para seguir **haciendo** y **diciendo** mi Evangelio de modo tan maravilloso como verdadero, después de tanto anunciar mi Evangelio, todavía me encuentro con que los hombres del mundo, ¿qué digo del mundo? '¡de mi casa y de mi Fe!' siguen teniendo paralíticos del cuerpo y del alma incurables sin traérmelos al Sagrario para que se los cure: deseando mandar para ser servidos y no servir ellos como Yo mandé y mando; empeñados en hacerse grandes despreciando el hacerse niños, como Yo me hice y me sigo haciendo en mi vida de Eucaristía o de Dios abreviado . . . .

¡Me da una pena el ver agitarse en torno mío a los que amo, unas veces andando a tientas como si estuvieran a oscuras, otras retorciéndose de dolor como si sus males no tuvieran cura y muchas y muchas veces mendigando en puerta ajena lo que con sólo abrir la boca tendrían a raudales en la casa propia!

¡Mendigos de luz, de medicina, de consuelo, de cariño, de solución con mi Evangelio a un lado y mi Sagrario al frente!

¿Verdad que eso no debía ser?

¿Verdad que es justa, justísima mi queja del Evangelio? Si os digo la verdad ¿por qué no me creéis?

¿Verdad que puedo seguir repitiendo delante de esos cristianos no **enterados** del Evangelio ni **conformados** con él: si mi Evangelio es la verdad de ayer y de hoy y de siempre y de todos los hombres ¿por qué no lo creéis? y si lo creéis **¿por qué no os acabáis de enterar de lo que** DICE **mi Evangelio?** ¿Por qué no os acabáis de fiar de él?[31]

---

31. Ver San Manuel González, *Obras completas I*, nn. 536–537.

TANTO TIEMPO CON VOSOTROS Y ¿NO ME HABÉIS CONOCIDO?

"Felipe", le contestó Jesús, "¿tanto tiempo como llevo con vosotros y no me has conocido? El que me ha visto a mí ha visto al Padre; ¿cómo dices tú: 'Muéstranos al Padre'"? (Jn 14,9)

Después de haber tratado de explicar el tipo de comunicación que percibiría como proveniente de Cristo, san Manuel vuelve ahora a explicar su propio lado del diálogo de amor:

Que Yo te vea y te conozca

Corazón de mi Jesús Sacramentado, ¡un rato en tu compañía! ¿Me lo concedes?

Mi alma tiene ansias de hablarte; está cansada de hablar con el mundo y no es oída o no es entendida. Déjame descansar hablando contigo. Tú siempre oyes y siempre entiendes ¡qué alegría!

Después de mi Comunión de esta mañana, delante de tu Sagrario he abierto tu Evangelio para completar el placer de mi Comunión oyéndote hablar.

¡Se te oye tan bien leyendo el Evangelio! No basta verte.

Y abrí al acaso y lo que mis ojos leyeron despertó en mi alma una gran pena y una gana grande de hacerte esta pregunta: ¿Por qué fuiste tan poco conocido de tus amigos a tu paso por la tierra? ¿No viniste Tú como **Luz** y **Luz** verdadera a iluminar a todo hombre? ¿Cómo no se te veía lucir y brillar? ¿Cómo los ojos de aquellos hombres no se deslumbraban con el resplandor de la luz que brotaba de tu palabra, de tus obras, de tus miradas, de tus gestos? . . . Así era muchas veces; pero a pesar de esto, leo en el Evangelio ceguedades y sorderas e ignorancias que contristan y confunden.

En esa página que he leído hoy, ese contraste o paradoja salta a la vista y hiere el corazón.

En una misma hoja encuentro hombres que, por estar lejos, **no te conocían** y ansiaban conocerte, y hombres que, por estar cerca, **debían** conocerte y no te entendían.[32]

Los que te ven y no te conocen

En esa página de San Lucas te veo camino de Jericó y Jerusalén llamar aparte a tus apóstoles

32. Ver San Manuel González, *Obras completas I*, n. 544.

y, en el seno de la confianza que con ellos tenías, contarles intimidades y confidencias volcando sobre sus corazones las esperanzas y los temores del tuyo, y, cuando enternecida mi alma ante esas dulces expansiones, más que de Señor y de Redentor, de amigo, espera las caldeadas respuestas y las justas correspondencias de la amistad buscada, tropieza con el frío y desolador comentario del Evangelista que dice: "Pero ellos **no comprendieron nada** de esto; este lenguaje les era desconocido y no sabían lo que les había dicho".

¡Tus amigos, Señor, no te entendían! ¡Los que vivían contigo, los más cercanos a Ti no comprendían lo que expresamente para ellos decía más que tu boca tu Corazón! Y te arrancaban quejas tan tristes como aquellas de tu última noche de vida mortal: "¿Tanto tiempo con vosotros y aun no me conocéis?".[33]

Los que te conocen apenas te ven

En cambio, el cieguecito del camino de Jericó y el publicano Zaqueo, que no te conocían, porque **nunca** te habían visto, te piden, el uno

33. Ver San Manuel González, *Obras completas I*, n. 545.

con su palabra de súplica repetida y el otro con su ardid de subirse al sicomoro, verte y conocerte.[34]

"¡Señor, que yo te vea!" te suplican uno y otro a su manera. Y Tú, haciendo un milagro de misericordia en los ojos del cuerpo del uno y en los del alma del otro, les das vista y te ven y te confiesan con la alabanza de su boca y con el homenaje de sus obras.

Y ¿por qué, Señor, éstos que vienen de lejos te conocen tan pronto y tan bien, la primera vez que te miran? Tu mismo Evangelio me da la respuesta.

Uno y otro tuvieron la feliz **ciencia de su ignorancia**. Uno por ser **ciego** y otro por ser **chico**, sabían que **sin Ti no podían** verte. Ambos te **pidieron vista** con la oración perseverante de su humildad, y Tú, obsequioso siempre con los pequeños y humildes, les diste más vista de la que pedían. ¿No está en este conocimiento y en esta confesión de la propia miseria y en este pedirte **limosna** de luz el secreto de estos dos **milagros de vista**?

---

34. Ver Lc 18,35–43; 19,1–5.

Y digo ahora: ¿Hubieran encontrado tus confidencias aquella cerrazón de inteligencia de tus amigos, si éstos hubiesen imitado al ciego y a Zaqueo?[35]

El secreto de Jesús

¡Lo que ellos hubieran aprovechado, si, en vez de responder a tus intimidades con encogimientos de hombros y frialdades de cara de quien no se entera, hubiesen contestado con la sencilla y humilde súplica del ciego de Jericó: Señor, **que veamos**, que somos muy chicos de corazón y de cabeza para entender eso que nos dices!

Mas, ¿para qué tengo que entretenerme en enmendar yerros u omisiones de tus amigos, si tengo yo tantos de que corregirme?

¡Cuántas, cuántas veces he pasado yo con la misma cara fría y el mismo espíritu indiferente delante de Ti y de tus mensajeros que me hablaban de cosas en las que Tú tenías mucho interés y mi alma hubiera tenido grande provecho!

¡Cuántas, cuántas veces he desperdiciado palabras tuyas, gracias tuyas, intimidades tuyas,

---

35. Ver San Manuel González, *Obras completas I*, n. 546.

por no reconocer lo grosero, lo torpe o lo impuro de mi vista y de mi oído y no ponerme a pedirte con la humilde insistencia de un mendigo: "Señor, que yo te vea, que yo te oiga"!

¡Cómo conozco ahora que de ahí provienen esa superficialidad que padece mi piedad y ese no sacar de mis ratos ante tu Sagrario o ante tu Evangelio jugo ni para mi oración ni para mi acción! ¡Ese no conocerte a pesar de tratarte! . . .

Corazón de mi Jesús Sacramentado, ¡una limosna de **vista tuya** para esta pobrecita ciega!

¡Que te vea![36]

---

36. Ver San Manuel González, *Obras completas I*, n. 547.

VIII

SOBRE LOS SACERDOTES Y LA FALTA DE TERNURA SACERDOTAL

LOS SACERDOTES ESTÁN LLAMADOS a un estado profundo de amistad e intimidad con el Señor Eucarístico. Sin embargo, debido a su ocupación y su familiaridad diaria con el Santísimo Sacramento, es posible que pierdan algo del tierno amor y el asombro que deben tener en la Presencia Real de Cristo. El santo obispo era muy consciente de este peligro. Él escribió:

Lo que convendrá y gustará a los sacerdotes este viaje

¡Con qué gusto habla un Sacerdote del Sagrario! ¡del Sagrario en que vive el Jesús que lo ha hecho su consagrante, su repartidor, su guardián, su vecino, su confidente, su . . . inseparable!

¡El Sacerdote y el Sagrario! ¡Dios mío! ¡Lo que da que decir y que pensar y que amar y que agradecer y que derretirse la unión de esas dos palabras!

¡Porque pensar que con valer tanto y tanto el Sagrario, la divina largueza lo ha unido tan estrechamente al Sacerdocio, que sin uno no puede existir el otro!

¡Sin Sacerdocio no hay Sagrario!

¡Qué alegría, amigos, inunda mi alma de Sacerdote al ver mi vida tan entrelazada, por así decirlo, con la existencia del Sagrario!

¿Qué le importa a un Sacerdote no ceñir a sus sienes coronas de conquistador, de héroe, de sabio o de otras grandezas de aquí de la tierra, si puede saborear ante el cielo y ante la tierra el gusto inacabable de esta palabra: **soy el hombre del Sagrario**?

Por eso para la lengua y para la pluma de un Sacerdote no hay tema de conversación ni más delicioso, ni más propio, ni más interesante, que el hablar del Sagrario. Tanto más, cuanto que ese Sagrario de sus amores y que se ha instituido para ser conocido, amado y frecuentado, padece desconocimientos y abandonos inconcebibles, no sólo por parte de los que viven lejos de él, sino de los que viven o debieran vivir cerca, muy cerquita . . . .[1]

La falta de ternura sacerdotal

A las veces, ¡echa tanto de menos el amigo Jesús del Sagrario las miradas y las palabras de cariño de sus Sacerdotes! ¡La ternura de los Sacerdotes cómo la ansía!

He observado que muchos favores y milagros del Evangelio fueron otorgados, más que a la Fe de los que pedían, a la **ternura** con que se trataba al Corazón de Jesús.

Las hermanas de Lázaro no pidieron ni la salud ni la resurrección de su hermano enfermo y muerto; expusieron su estado, "está enfermo . . .", "hiede de cuatro días muerto", reprocharon a Jesús su tardanza en acudir, hicieron actos de fe en su poder, pero todo eso con una **ternura filial** . . . "el que amas . . .". "Si hubieras estado aquí, no hubiera muerto . . .".

Pregunto: si Lázaro no hubiera tenido hermanas tan tiernas para con Jesús, ¿hubiera resucitado? Yo creo que no. La resurrección de

1. Ver San Manuel González, *Obras completas I*, nn. 373–374.

Lázaro y las lágrimas con que Jesús ablanda la piedra de su sepulcro son el fruto de la **ternura** para con Él.

Una comprobación de esa eficacia nos da la Sagrada Liturgia de la Misa, en los besos que al altar, al libro del Evangelio y a la patena da el Sacerdote mientras celebra.

Fijaos: cada ósculo de esos va precedido o acompañado de la petición de un gran favor para sí y para la Iglesia, como remisión de pecados, participación de bendiciones y gracias, efusión de paz, etc.

Besando: ¿no es así como sacan los pequeñuelos a sus madres cuanto quieren?

La Iglesia, que conoce al Corazón de Jesús, y sabe cómo le gana la ternura filial, manda a sus Sacerdotes que le pidan y le traten a besos . . . .

¡Sí, los Sacerdotes son los amigos, los **siempre llamados amigos** por Jesús, aun en el momento de besarlo para traicionarlo . . . !

Sacerdote hermano, ¿no vendrán tus decaimientos y desmayos, tus debilidades y caídas, tus desorientaciones y oscuridades de sobra de seriedad e incomunicación y falta de jugo de ternura con tu AMIGO el del Sagrario?

Y luego ¡se parece tanto y se diferencian tan poco estos dos términos: **Hostia consagrada y Sacerdote!**[2]

EN QUÉ SE PARECEN Y SE DIFERENCIAN UNA HOSTIA CONSAGRADA Y UN SACERDOTE

Un sacerdote existe para la Eucaristía y en cierto sentido está llamado a ser como Cristo en el Santísimo Sacramento. Cuando dos corazones se unen, llegan a parecerse el uno al otro. El corazón de un sacerdote está llamado a ser conforme al Corazón Eucarístico de Jesús en el Sagrario. Al santo le gustaba hablar del modo en que un sacerdote se asemeja y se diferencia a la Hostia:

En qué se parecen

En lo que **son** y en lo que **hacen.** Una y otro son:

1. **Portador** de Cristo; aquélla sustancialmente, éste en su palabra, en su poder y en su ejemplo o imitación, tanto de Dios, como de Hombre.

2. Ver San Manuel González, *Obras completas I*, n. 375.

2. **Ocultador** de Jesucristo; la una tras sus especies, el otro tras su flaqueza física, moral y espiritual. ¡Qué designio tan misterioso y tan eficazmente misericordioso! Dios dándose a conocer **ocultándose;** primero en el seno de una Virgen, después en un pesebre y bajo pañales, más tarde triunfando sobre una pollina, y luego sobre una Cruz y, para darse a conocer perpetuamente, y precisamente en ese conocimiento consiste la vida que Él trajo, **ocultándose** perpetuamente en la Eucaristía y en el Sacerdote.
3. **Manifestador** de Jesucristo: ¡Qué bien venía a la soberbia del hombre, enfermo de esa sola enfermedad, llegar al conocimiento y amor de Dios, por el silencio y la abnegación de la Eucaristía y por la flaqueza del Sacerdote![3]

En qué se diferencian

Las especies sacramentales son mudas e insensibles; el hombre sacerdote tiene lengua, cabeza, corazón, alma. Los accidentes sacerdotales tienen esta ventaja sobre los sacramentales, de dar compañía consciente y gustosa al Divino Ocultado.

---

3. Ver San Manuel González, *Obras completas I*, n. 376.

Y ahí mismo está el peligro de su desventaja; el olor, color, etc., de la Hostia no pueden darle gusto, pero tampoco disgusto ni contrariedad, mas los otros sí. ¡Qué valor el del amor del Corazón de Jesús entregándose a la custodia y defensa de unos accidentes de pan, pero cuánto mayor al confiarse al **hombre** del Sacerdote!

Cuando se corrompen las especies sacramentales se presentan los gusanos y Jesús se va.

Cuando se corrompe el Sacerdote, ¡en medio de los gusanos, Jesús sigue viviendo!

Sacerdotes, hermanos míos, ¿habéis meditado en la pena y en la humillación del asco del limpísimo Jesús llevado, ocultado y manifestado entre gusanos . . . ? Y por eso mismo ¿en el empeño tan vivo que tiene de vuestra amistad tierna y fiel? Si San Agustín ha podido afirmar respecto a todos los fieles: *Sitit sitiri Jesus*,[4] ¿qué sed no tendrá de que la tengan de Él sus Sacerdotes?[5]

El triunfo de Jesús en el sacerdocio

Sacerdote, déjame triunfar **en ti y por ti.**

---

4. "Jesús tiene sed".

5. Ver San Manuel González, *Obras completas I*, n. 377.

En ti: Cada hora de **pureza** sacerdotal, de **oración** ante mi Sagrario, de **vencimiento** de tu amor propio, de **oficio** digna, atenta y devotamente recitado, de **estar en paz en la cruz** de tu cargo . . . ¿no es triunfo de mi gracia sobre tu naturaleza?

Por ti: Triunfo Yo por medio de **tu boca,** cada vez que me predicas **como soy,** cada vez que absuelves, que consagras, que hablas en mi nombre; por **tu pensamiento,** en tu intención de hacerlo *todo sólo* a mi gloria; por *tu corazón*, cada vez que amas a las almas y ellas a ti *sólo* por Mí; por tu ejemplo cada vez que me imitas, por *tus manos* y por tus energías todas no empleándolas **más** que en **servir de balde** a tu Madre la Iglesia . . . .[6]

El secreto del triunfo

Reinó desde el leño, así explica la Iglesia mi gran triunfo.

Sacerdote amigo, ¿quieres triunfos para Mí y para ti? Aprende y toma fuerza en el Altar de tu Misa para ser ***Sacerdote en cruz*** y conseguirás que la Iglesia, las almas y el Ángel de

---

6. Ver San Manuel González, *Obras completas I*, n. 605.

> tu Guarda cuenten tu vida a mi Padre celestial cantando: **Reinó desde el leño . . . .**[7]

EL GRAN DESEO DEL CORAZÓN DE JESÚS

San Manuel habla del gran deseo de Cristo de que el Sacerdote deba convertirse en otra hostia viva en el mundo. Su entrega y disponibilidad a las almas debe asemejarse a la de Cristo Eucarístico. Llamó a tal Sacerdote un "Sacerdote-Hostia":

> ¡El Sacerdote-hostia! ¡Como Él! Ofrece su Sacrificio como Sacerdote y *se* ofrece en sacrificio como Hostia.
>
> **¿Qué es un Sacerdote-hostia?**
>
> Un Sacerdote que cada día *ofrece* en honor de Padre Dios a Jesús inmolado, y *se ofrece* inmolado con Él y que da cuanto tiene y se da cuanto es a las almas, sin esperar nada de ello, "haced mucho bien sin esperar nada".
>
> Es un sacerdote ***sacrificado a gusto*** en su Misa de cada día en honor de Padre Dios, con y

---

7. Ver San Manuel González, *Obras completas I*, nn. 605–606.

como Jesús, y ***dado*** a las almas siempre, como Jesús en el Sagrario y en la Comunión.

Un ***Sacerdote-hostia*** es un retrato vivo de la Hostia de la Misa y de la Comunión, por dentro y por fuera.

Sabe padecer injusticias sin quejarse.

Sabe llenar de trabajo todas las horas de sus días sin llegar a decir: ***no puedo más***, sino momentos antes de expirar.

Sabe sembrar mucho, sin entristecerse porque la cosecha sea corta o nula.

Sabe que él solo no es ni vale nada; pero unido con su augusto Compañero de Sacerdocio y de Sacrificio es omnipotente.[8]

---

8. Ver San Manuel González, *Obras completas I*, nn. 607–608.

IX

DE CÓMO AÚN HOY TRIUNFA JESÚS POR LA EUCARISTÍA

COMO UN SABIO MÉDICO de las almas, san Manuel sabía que había únicamente un verdadero remedio espiritual a la crisis que comenzaba a surgir en la Iglesia y en el mundo. Su consejo urgente a los sacerdotes y a todas las almas apostólicas es igualmente relevante para la Iglesia de hoy:

> Comienzo por recoger de no pocas bocas apostólicas y sacerdotales y como salida del corazón herido, una pregunta: ¿Qué hacer para que tanto cristiano y cristiana casi de solo nombre lo sean en realidad? ¿Cómo hacerles vivir su fe y su moral? ¿Cómo volverlos a la santa y fecunda austeridad cristiana? ¿Cómo, en una palabra, puede tornarse cristiano este mundo que a los veinte siglos de Cristianismo se obstina en volver al más degradante y desmoralizador paganismo?

Y la respuesta que a esas desconsoladoras preguntas os van a dar estas paginillas es una sola palabra:

¡Al Sagrario! ¡Al Sagrario, Sacerdotes!

¡A explotar el Sagrario!

No se va al Padre sino por el Hijo y no se da a nadie el Camino de Dios, la Verdad de Dios y la Vida de Dios, sino por el Hijo, Jesús.

Y este Camino, Verdad y Vida de Dios no se alcanza solo por el estudio especulativo de Jesús, sino por la fe viva en Él, por el roce constante con Él en su estado actual en la tierra, que es el sacramental.

¿Hay desorientaciones en la piedad, enfriamientos de la caridad y conculcaciones de la justicia? ¡Falta de Eucaristía bien conocida y paladeada . . . e imitada! ¿Hay errores, oscuridades, dudas, mistificaciones, desconocimientos, ignorancias? ¡Falta de luz de lámpara de Sagrario, la más clara e iluminadora de todas las luces de la tierra! ¿Hay anemias y agonías y muertes y putrefacciones de almas? ¡Falta de comida o de digestión de Eucaristía![1]

---

1. Ver Obispo Manuel González, "El arte de apostolado más eficaz", *El Granito de Arena*, marzo 20, 1928, n. 492, pp. 162–163.

X

¡SI VIVIÉRAMOS NUESTRAS MISAS!

NOTAMOS QUE, EN ESTE TEXTO, lo que estaba en la mente del santo era la gran reverencia que todos deberíamos tener por el Santo Sacrificio de la Misa. En las últimas décadas, el carácter sacrificial de la Misa a menudo ha sido minimizado hasta el punto del sacrilegio, por lo que este texto es tanto más edificante para la Iglesia en el Tercer Milenio. Su canonización en 2016 es un llamamiento para volver a la reverencia por el calvario místico que llamamos la Misa. Las siguientes son sólo algunas de las perlas de sabiduría de san Manuel:

> ¿Quién convirtió al mundo pagano o salvaje en cristiano y civilizado? ¿No fue la Redención de nuestro Señor Jesucristo?

¿Cómo y en dónde se hizo la Redención?

Por su sacrificio, en la Cruz del Calvario.

¿Qué es la Misa?

Es el mismo Sacrificio de Jesús aplicándonos su Redención.

Cada Altar es un Calvario y cada Hostia consagrada, es Jesús inmolado ofrecido en Sacrificio de Redención.

Si la primera Misa de Jesús tuvo poder para transformar al mundo, ¿por qué las demás Misas no han de poder conservar y aumentar aquella transformación?

El comunismo ateo que ha estado a punto de dejar a España totalmente asolada, ¿a quién persiguió más o contra quién dirigió con más saña sus tiros envenenados? Todos lo sabemos, porque lo hemos visto con nuestros propios ojos: el principal, el más odiado y buscado enemigo del comunismo ha sido el Sacerdote y principalmente por su Misa, por decir Misa. ¿Pruebas? Por lo que yo mismo he tenido ocasión de ver, una de las cosas que más han padecido el furor rojo ha sido el ARA, el ALTAR, el CÁLIZ y el SAGRARIO. Han respetado algunos edificios de templos para fines profanos, pero teniendo buen cuidado de no dejar ni rastro de altar.

¡Ah, si viviéramos nuestras Misas . . . !

¿Qué hay que hacer?

Aunque la frase VIVIR LA MISA no sea muy castellana, tiene un profundo significado en castellano y en todas las lenguas.

Vivir la Misa es:

1° conocerla a fondo,

2° estimarla en su valor,

3° tomar por norma de conducta lo que Jesús hace en ella,

4° tener como cifra de mi mayor felicidad en la tierra esta palabra: DIGO MISA, si soy Sacerdote; OIGO Y ENCARGO MISA, si simple fiel,

5° y este conocer, estimar, imitar y gozar mi Misa, tan metido en mi pensar, querer, sentir y obrar de cada día y de cada hora y en cada ocupación, que se pueda decir de mí perennemente: ESTÁ EN MISA, esto es, ESTÁ VIVIENDO SU MISA.[1]

---

1. Ver San Manuel González, *Obras completas III*, nn. 5283–5284.

El Apóstol del Sagrario Abandonado explica cómo debemos dedicar esfuerzos y energía a conformar nuestra vida al modelo de la Misa. Tal conformidad vivida por todos los miembros de la Iglesia, fortalecerá a la Iglesia para vivir verdaderamente su vocación como sal de la tierra, y así preservar al mundo de más corrupción:

> **¿Es esto posible?**
>
> Si queremos, sí.
>
> Si no queremos, no.
>
> Querer es poner lo medios, el estudio, la reflexión, la constancia y, entre todos, el principal que es buscar la Gracia de Dios y por ella la FE VIVA, que es la única fuerza elevadora e iluminadora para contemplar, por fuera y por dentro, el gran Misterio y la gran trascendencia de la Misa.
>
> Pero si nos contentamos con mirar en la Misa sólo la obligación del rato que se echa en oírla cada día de fiesta, o uno de tantos actos religiosos para conseguir cualquier favor para nosotros o para nuestros difuntos y, menos aún, si no asistimos a ella ni siquiera los días de precepto, si así tratamos nuestra Misa, la frase VIVIR LA MISA será para nosotros ininteligible y su significado imposible.

> Y vuelvo a afirmar: sin la primera Misa del Calvario, el mundo no hubiera tenido redención, y seguiría siendo gentil o salvaje; si nos obstinamos en despreciar o no tener en la estima que se merecen nuestras Misas, nos exponemos a que el mundo vuelva al paganismo o a la selva, pese a todos sus flamantes progresos materiales y de cultura.
>
> Y digo más; que, si la piedad y la devoción de los católicos no toma de la Misa su orientación, su norma, su espiritualidad y sus fuerzas, tendrán de tales la careta y algún accidente, pero no la sustancia, ni la vida, ni la acción, ni el fruto.[2]

Muchos católicos tienen dificultad para entrar en el Misterio sacrificial de la Misa. Este gran santo eucarístico nos ofrece su ayuda en el siguiente pasaje. Intenta imaginar lo que sería ver literalmente el misterio del Calvario desarrollarse ante nuestros ojos. Hoy podríamos llevar su analogía más allá y pensar en el Calvario como si nos transportáramos en vivo por medio de la televisión. Qué emocionados estaríamos. Y, sin embargo, la Misa de alguna manera hace que el Calvario realmente esté

---

2. Ver San Manuel González, *Obras completas III*, nn. 5285–5286.

presente para nosotros. Debemos entrar en él con toda la fuerza de nuestra mente y corazón. Esta es la verdadera participación en la Misa. No es necesario que cada persona tenga algún papel físico en la liturgia, pero cada persona debe tener una participación interior en el Santo Sacrificio. Deberíamos imaginarnos estar en el Calvario en cada Misa, porque de una manera misteriosa, estamos allí. Él describe la actividad interior en la que la mente debe participar durante la Misa:

> **¿Qué es una Misa?**
>
> Figuraos que, así como se ha descubierto el misterio de las hondas hertzianas y por medio de un aparato de radio podemos recoger en nuestro oído los sonidos producidos a miles de kilómetros, se descubriera, lo que no es absolutamente imposible, otro procedimiento para que nuestros ojos recogieran las especies flotantes de espectáculos representados, no sólo a distancia de espacio, sino también de tiempo, y por medio de ese aparato o procedimiento pudiéramos presenciar la crucifixión de nuestro Señor Jesucristo en el Calvario, como si estuviera haciéndose ahora mismo. ¡Qué asombro! ¡Encontrarnos con la visión del Calvario!

¿Qué veríamos? ¡Qué variedad de personajes! ¡Qué abigarramiento de trajes! ¡Qué contrastes de caras, de gestos, de exclamaciones! Pero lo que más, lo que sobre todo importa, es la Cruz, ¡la del centro!

Clavado de pies y manos, en ella está Jesús. ¡Cuánto debe sufrir! ¡Cuánto le cuesta no poder retorcerse de dolor y mantenerse sereno! Su voz, su mirada, los colores rojo, amoratado y pálido que se suceden sobre su cara, y sobre todo su cuerpo, el movimiento de su cabeza y el temblor que agita sus miembros, ¡cómo expresan la enormidad de aquel dolor crucificado! ¡Es una vida que se escapa por entre aquellos labios resecos y cárdenos y por entre aquellos jirones de piel sangrante! ¡Es la muerte que tiende sus negras alas sobre aquellos ojos, aquella boca, aquel corazón, aquel cuerpo horas ha tan hermoso, ahora tan deforme! ¡Jesús muere! ¡La tierra se estremece! ¡El sol se eclipsa y el día se hace noche! El sacrificio que comenzó a ofrecer a su Padre, desde el primer momento de su vida mortal se ha consumado . . . .

Una Misa es algo de eso y mucho más que eso, que no ven los ojos de la carne.[3]

---

3. Ver San Manuel González, *Obras completas III*, n. 5287.

El mismo Sacrificio en el Calvario y en el altar, el mismo Sacerdote, Jesús, la misma víctima, Jesús, (el Sacerdote no es un sucesor de Jesús, es su ministro; con Él y por Él ofrece y se ofrece). Y veo, por último, en torno de esas Misas, el cielo, la tierra y los abismos esperando, recibiendo, agradeciendo . . . .[4]

La Misa propiamente dicha es la realización del gran deseo de Jesús y de la gran petición a su Padre celestial: "Que todos sean uno". Que seamos una sola cosa con Él, como Él lo es con el Padre.

¡Él y nosotros una sola víctima de un solo sacrificio!

Purificados por la contrición y la humildad, **iluminados** por la Fe y la oración, y **unidos** a Jesús y a nuestros hermanos por el amor más grande, o sea, el amor llevado hasta el sacrificio. Así nos ponen nuestras Misas si nos empeñamos en vivirlas.[5]

Hoy en día a menudo escuchamos a la gente decir que ya no van a Misa porque sienten que no obtienen nada de ella. Como un compromiso con tal

4. Ver San Manuel González, *Obras completas III*, n. 5289.

5. Ver San Manuel González, *Obras completas III*, n. 5291.

actitud, también somos testigos de pastores que intentan introducir en la liturgia sagrada, música mundana y artificios no espirituales. Piensan que al convertir la Misa en una especie de entretenimiento religioso, con sus aplausos y frivolidad, de alguna manera atraen a las multitudes. San Manuel se habría horrorizado por la pérdida de comprensión del valor del Santo Sacrificio, así como por la secularización de lo sagrado. Podemos aprender algo de cómo respondería a aquellos que no ven ningún valor en la Misa, o a aquellos que violan la sacralidad de la liturgia, en las siguientes palabras:

Qué vale una Misa

¿Vale mucho el Evangelio? ¿Vale mucho la vida y la doctrina de Jesús en la tierra que narra el Evangelio? ¿Valen mucho la Pasión y la muerte de Jesús?

¿Quién puede poner precio a esos tesoros? ¿Quién reducir a cifras esos precios?

Pues bien, una Misa, la celebrada, no ya por el Papa en su Basílica de San Pedro, sino por el último de los sacerdotes en la iglesia más pobre y ruinosa del orbe católico vale tanto como todo el Evangelio, como todo Jesús con su doctrina y sus obras y con sus dolores y muerte.

Una Misa es Jesús recogiendo en su Corazón todo el aroma de sus buenas obras y buenas palabras, todos los ecos de su corazón, y de sus ayes, todo el jugo de sus sudores y lágrimas buscando pecadores, todas las hieles de cariños pagados con ingratitudes, de generosidades, con incomprensiones, envidias y malquerencias, que lo acompañaron desde Belén hasta el Calvario, y, cuando el corazón estaba lleno de todo esto, tomar sobre sus hombros una Cruz pesada y dejarse enclavar en ella, permitiendo que, ya muerto, una lanza se lo abriera, como rosa que se abre en primavera . . . .[6]

La parte de la Misa en este crecimiento

Una vez que Cristo fue inmolado y muerto en el Calvario, Jesucristo ya no muere; pero aunque glorioso e impasible, su Sacrificio, sigue eternamente en el Cielo en donde como tal sacrificado está alabando al Padre y siendo sus delicias. Y la oblación real de ese Sacrificio, se está repitiendo centenares de veces, cada segundo, en las santas Misas de la tierra.

Jesús sigue ofreciéndose a su Eterno Padre diciendo constantemente: "Recibe ¡oh Padre

6. Ver San Manuel González, *Obras completas III*, nn. 5292–5293 (Quedó sin terminar).

Santo, Dios todopoderoso y eterno esta hostia inmaculada . . .". Es el eternamente inmolado.

Pues si yo me incorporo a un cuerpo sacrificado, si lo hago mío y Él me hace suyo, yo en justa lógica debo ser también un sacrificado con Él. Si en el Bautismo he sido incorporado a su Cuerpo, en cada Misa en que Jesús por el ministerio del sacerdote ofrece su Cuerpo físico y místico en sacrificio, yo como miembro de ese Cuerpo místico, soy ofrecido y me ofrezco en sacrificio.

Como Jesucristo que es Sacerdote y Hostia que ofrece y se ofrece por el ministerio visible del Sacerdote, en cierto modo, yo lo ofrezco y me ofrezco con Él. Somos los cristianos, como dice San Pedro, un sacerdocio real.

Se calcula que en cada segundo se dicen 300 Misas; en esas 300 Misas yo, sin darme cuenta, por el mero hecho de ser cristiano, estoy ofreciendo y ofreciéndome. Podemos decir que constantemente estamos diciendo Misa; ofreciéndonos como hostia de alabanza, de amor, de gracias, de propiciación y de impetración.

Mientras yo haga más mía mi Misa, más incorporado estoy al sacrificio del Jesús de mi sacrificio, yo, Sacerdote que la digo, tú, fiel que la oyes o la encargas. Mientras yo más ponga de

> mí, más digo Misa; más todavía, no solamente estoy diciendo Misa, sino que yo soy Misa.[7]

San Manuel llamó a un compromiso profundo con la espiritualidad de la Misa, en la que aceptamos vivir de manera sacrificial, en unión con la Víctima del Sacrificio que se ofrece por amor a nosotros. Debemos ser capaces de comprendernos a nosotros mismos y a nuestra razón de existir en relación con la Santa Misa. Nuestras vidas deben volverse todas eucarísticas. Él dice:

> **¿Vivimos al tono de nuestra Misa?**
>
> ¡Cómo cambia el tono de la vida, de la espiritualidad de un cristiano y más aún de un alma consagrada, a la vista de esto que estoy diciendo que es una realidad! Y ¡qué mal se aviene con una vida ramplona, de buscar mi comodidad, mi gusto, mientras se está elevando en la patena la Hostia; mientras se está diciendo: "Recibe Padre Santo . . . esta Hostia inmaculada . . . !".
>
> ¿Por qué nuestra vida está tan distante de un ara?

7. Ver San Manuel González, *Obras completas III*, nn. 5298–5299.

No debíamos tener otros puntos de comparación, otro gráfico de nuestra vida que un ara, una hostia, un cáliz, un copón . . . .[8]

Ocupación esencial de un cristiano

Todo lo que piense, todo lo que hable un cristiano debe ir precedido de esta pregunta: ¿esto pega con decir Misa? Lo que pienso, lo que hago ¿me une al Jesús sacrificado de mi Misa?

Si como decía antes, Jesucristo se está ofreciendo en 300 Misas durante cada segundo, podemos decir que Jesucristo de día y de noche está con los brazos abiertos. Jesucristo no tiene otra postura en la tierra, que con los brazos en cruz.

Si la Misa es esto, yo debo estar siempre con mis brazos abiertos. Cuando no hago esto, cuando huyo del sacrificio, es como si un Sacerdote dejara la Hostia y el Cáliz consagrados de su Misa y se fuera a ver a los transeúntes, a ver a los que pasan por la calle cantando, o a tomarse un helado, o lo que se le antojara.

Eso es lo que hacemos cuando buscamos nuestros gustos, nuestros caprichos, nuestra comodidad.

---

8. Ver San Manuel González, *Obras completas III*, n. 5300.

¿No os remuerde la conciencia de haber abandonado muchas, muchas veces vuestra Misa? ¡Dejar vuestra Misa!

Si amáis vuestra Misa, amad la cruz; la cruz de vuestra Misa de todas las horas, de todos los minutos, de todos los segundos.

No dejéis de estar en la postura que está Jesús ofrecido continuamente en Sacrificio. No os contentéis con una vida ramplona, uniendo cuando se puede, la comodidad y el capricho al cumplimiento del deber; sino preguntaos con frecuencia: ¿estoy yo ahora en Misa?

Que cuando el Padre celestial pregunte al Ángel de cada uno: "¿Y tu alma?", pueda responder: "Está **diciendo** Misa". Y ¿qué es? "**Una Misa.** Una hostia con los brazos abiertos, no esperando sino entregándose con alegría".[9]

---

9. Ver San Manuel González, *Obras completas III*, nn. 5301–5302.

Conclusión

¡LA EUCARISTÍA ES LA RESPUESTA a todos nuestros problemas espirituales, porque la Eucaristía es Jesucristo! La vida y el mensaje de san Manuel González nos ofrecen un rayo de luz en un mar de tinieblas. No es casualidad que la Iglesia lo haya canonizado en nuestros tiempos. Él mismo vio la inminente crisis de fe que comenzaba a descender sobre el mundo en el siglo XX. Hoy, esa crisis espiritual ha adquirido proporciones universales. La anemia espiritual y la enfermedad de las almas de las que hablaba se han vuelto pandemia. La solución está muy cerca de nosotros. Es un retorno universal al Santísimo Sacramento. Para ser restauradas a la salud sobrenatural, las almas deben nutrirse en horas prolongadas de Adoración Eucarística, participación ferviente en el Santo Sacrificio de la Misa y en la recepción digna de la Sagrada Comunión:

> ¡La Comunión *bien comida* tiende a asimilar tu cuerpo y tu alma al Cuerpo y Alma y Divinidad

> de Cristo, y a ti todo, a Cristo todo, como está en el cielo . . . ![1]

Las almas no sólo se alimentan personalmente de la Eucaristía, sino que su amor eucarístico obtiene también muchas gracias para la santificación de toda la Iglesia y la evangelización del mundo entero. La adoración es la fuente de energía para la Nueva Evangelización. Si seguimos el consejo del santo obispo, y si rodeamos nuestros Sagrarios en oración perpetua, entonces podemos estar seguros de que pronto comenzarán a aparecer signos de auténtica renovación espiritual en toda la Iglesia Universal.

Si ignoramos el mensaje de este gran profeta y Apóstol del Sagrario Abandonado, entonces sólo podemos esperar que la oscuridad se profundice. Qué triste sería si Jesús mirara hoy desde su Sagrario y tuviera que repetir el lamento de Getsemaní: "He esperado ser compadecido, pero nada, no los hallé" (Sal 69,21). Ahora que la *hora de las tinieblas* ha vuelto a envolver al mundo entero, el Señor Eucarístico repite su llamamiento desde la primera hora de las tinieblas: "¿Ni siquiera

1. Ver San Manuel González, *Obras completas I*, n. 1155.

habéis sido capeces de velar una hora conmigo?" (Mt 26,40).

Debemos orar mucho para no *caer en tentación* y llegar a salvo, a través de la agitación del mundo del siglo XXI, a la Casa del Padre. Cuánta gracia está disponible para nosotros hoy por medio de la Adoración Eucarística, porque "una vez que se multiplicó el pecado, sobreabundó la gracia" (ver Rm 5,20). La Iglesia tiene gran necesidad de toda esa gracia. La solución a nuestra crisis actual es simple; la renovación eucarística es la misión suprema encomendada a nuestra generación. ¡El futuro de la Iglesia depende de ello!

San Manuel, Obispo del Sagrario Abandonado, ruega por nosotros . . . .

San Manuel González García, obispo de Málaga y Palencia

Fundador de la Familia Eucarística Reparadora (FER)

FECHAS MÁS NOTABLES EN LA VIDA DE SAN MANUEL

25.02.1877	Nace en Sevilla
21.09.1901	Ordenación sacerdotal
01.03.1905	Es destinado a la Parroquia Mayor de San Pedro de Huelva
04.03.1910	Fundación de la Obra de las Tres Marías para los Sagrarios-Calvarios
16.01.1916	Es ordenado obispo titular de Olimpo y auxiliar de Málaga
20.01.1917	Es nombrado administrador apostólico de Málaga
01.02.1918	Fundación de los Misioneros Eucarísticos Diocesanos
22.04.1920	Obispo propio de Málaga
03.05.1921	Fundación de las Marías Nazarenas, hoy Misioneras Eucarísticas de Nazaret

11.05.1931	Incendio del palacio episcopal y traslado a Gibraltar
29.12.1931	Se instala en Ronda
Oct. 1932	Recibe instrucciones de permanecer en Madrid
05.08.1935	Obispo de Palencia
04.01.1940	Fallece en Madrid
02.05.1952	Apertura del proceso diocesano sobre su vida y fama de santidad
29.04.2001	Es beatificado por el Papa San Juan Pablo II
16.10.2016	Es canonizado por el Papa Francisco

Novena

A San Manuel González

Señor Jesucristo, te damos gracias porque
en san Manuel González
se ha hecho vida tu Misterio Eucarístico a través
de una fe luminosa, una caridad intensa
y una esperanza plena.
Por su intercesión, derrama en nosotros el deseo
ardiente de *eucaristizar*,
para que toda la humanidad acoja la Luz y la Vida
que brotan de tu Corazón
y, en unión de María Inmaculada,
seamos en el mundo
testigos de un amor reparador.
Tú, que vives y reinas con el Padre,
en la unidad del Espíritu Santo,
y eres Dios por los siglos de los siglos.
Amén.

(Pídase la gracia que se desea alcanzar
por intercesión de san Manuel González)